Thalen & Thalen
contemporary silver objects

Photography: © Thalen & Thalen studios
Design and lay-out: Rob Thalen

Nederlandse inleiding: Wim Nys
English introduction: Ronald Goedmakers
Introduction française: Françoise Foulon
Deutsche Einleitung: Frau Dr. Christianne Weber-Stöber

English translation: Archie Poulter
Traduction française: Marielle Goffard
Deutsche Übersetzung: Nadine Greeven

Printed by
PurePrint, Oostkamp
www.pureprint.be

Published by
Stichting Kunstboek, Oostkamp
www.stichtingkunstboek.com

ISBN 978-90-5856-358-3
D/2010/6407/26
NUR 656

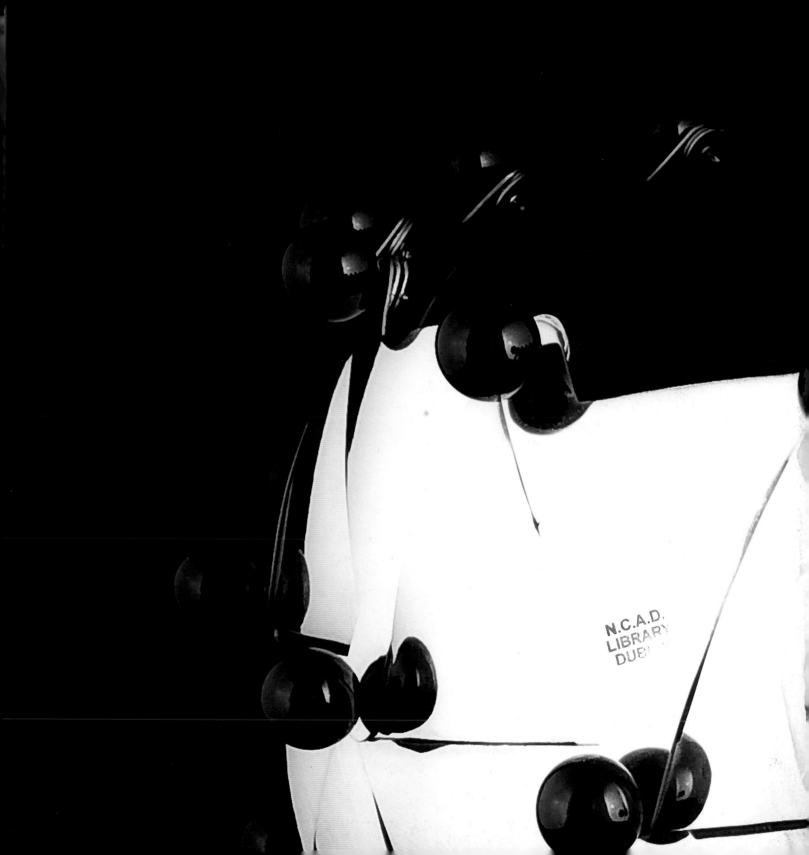

Introduction

I would characterize Rob Thalen as a versatile, driven and passionate artist, always seeking for new challenges. He strives to be a perfectionist in everything he attempts and yet he retains those essential links to the society in which he lives.

I will never forget that moment during the annual Christmas season when we were eating donuts in his workshop and living space in the former mine shaft Nulland in Kerkrade. Hospitality among his bronze, wooden and silver objects was found in its most simple and uncomplicated way.

Striving for perfection, he loses himself in space and time. He tirelessly continues to try new techniques. His life's work, the *Contemplation Object* at Vebego - an artwork that he has realized in Corten steel and oak - is a good example.

Together with his son Jaap, he recently focused his energy and passion on silverware. This almost lost and neglected art form gains a new impetus and dynamism.

Neither Rob nor Jaap chooses the easy path. Each object has its own character and exudes craftsmanship and commitment.

I hope you will be enthusiastic about the work of Thalen & Thalen – I most certainly am.

Ronald Goedmakers
CEO Vebego International

Inleiding

Zilver zonder grenzen

In 2009 maakte ik in de Kreon Creative Space – Pro Materia
n Brussel voor het eerst kennis met het werk van Rob en Jaap
Thalen.
Het Nederlandse designduo Thalen & Thalen exposeerde er
van 20 maart tot 30 april onder de titel *Living Silver* samen
met zilversmid en juweelontwerpster Mei Lee. Tegelijkertijd
liep er in de vlakbij gelegen galerie van Design Vlaanderen een
overzichtstentoonstelling van de Sterckshofopdrachten, een
reeks van dertien zilveren kunstwerken die tussen 1996 en 2009
voor het Zilvermuseum Sterckshof werden gerealiseerd.
Een jaar later exposeerden Thalen & Thalen enkele van hun
monumentale zilverobjecten op de Zilvermarkt in de tuin van
datzelfde museum.

Zowel in sterling (925‰) als in fijn zilver (999‰) tasten vader
en zoon Thalen de grenzen van het object af.
Als designers en zilversmeden bouwen ze hun voorwerpen
zorgvuldig op. Ontwerpen en prototypes worden bij voorkeur
op schaal één op één gemaakt en met veel geduld stelselmatig
bijgeschaafd.
Of het daarbij om unieke voorwerpen gaat of om objecten die in
kleine oplage uitgevoerd worden, maakt niet uit.

De zilverobjecten krijgen hun definitieve vorm door het gebruik van zowel ambachtelijke zilversmidtechnieken als de toepassing van de allernieuwste computergestuurde technologieën voor het snijden of frezen van zilver.
Onderdelen worden aan elkaar geklonken of gelast. Ze zijn als het ware scheepsbouwers in edele metalen.
Door het gebruik van kleurrijke, vaak rode elementen, zoals carneool, coatings of synthetische materialen, maar ook bijzondere houtsoorten of brons, krijgen kommen, schalen en serviezen het typische Thalen & Thalen uitzicht.

Wim Nys
Directeur Zilvermuseum Sterckshof

Sont-ils sculpteurs? orfèvres? designers? artisans d'art?
A considérer leur travail, je pense qu'ils sont tout cela à la fois.
Le point commun de ces disciplines, dans leur travail, c'est
l'argent. Un matériau vivant, fascinant, aux nuances subtiles
et infinies.

Souvent associé aux rites religieux et aux arts de la table,
l'argent trouve en Thalen & Thalen des interprètes virtuoses,
qui jouent de ses surfaces, formes et reflets en maîtres de la
matière. Ils en exploitent les innombrables potentialités, mêlant
harmonieusement le mat et poli, la rondeur et la rigidité, la
figure imposée et la forme libre, la fonctionnalité et la fantaisie.

Et quand il leur arrive d'introduire une autre matière ou un
élément coloré, c'est pour enrichir la pièce, pour lui donner
encore plus d'éclat et de sensualité. Ces ajouts ne sont jamais
gratuits ou incongrus : ils subliment la création. Le bois, le
bronze et la couleur rouge (flamboyante!), subtilement dosés,
font véritablement vibrer la matière.

Les objets qu'ils créent, utilitaires ou simplement décoratifs,
imposent leur présence tranquille et leur évidence formelle. Les
globes, assemblages astucieux de lamelles d'argent, évoquent
irrésistiblement les sphères armillaires, ces instruments qui
figuraient autrefois le mouvement des astres.

Les récipients renvoient immanquablement aux objets liturgiques qui nous sont familiers, compagnons de tous les sacrements.

Thalen et Thalen sont les nouveaux artisans d'un savoir-faire ancestral auquel ils insufflent une nouvelle vie, les acteurs talentueux d'une transmission vitale.

Françoise Foulon
Directrice Grand-Hornu Images

Einleitung

War es im Jugendstil und im Jahrzehnt des Art Déco noch selbstverständlich silberne Kaffee- oder Teeservice, Gebäckschalen und Trinkbecher auf der gedeckten Tafel zu platzieren, so hat sich in den Jahrzehnten nach 1970 ein deutlicher Wandel vollzogen. Das in Silber gefertigte Gebrauchsgerät war mit dem Nimbus des Luxuriösen umgeben, es entsprach nicht dem Zeitgeist dieser Epoche. Pflegeleichte Materialien wie Kunststoff oder Edelstahl waren gefragt. Das Silberschmiedehandwerk, das Zeit und Muse braucht, das geradezu nach Hingabe verlangt, konnte und wollte mit der zunehmenden Schnelllebigkeit und Massenproduktion nicht mehr Schritt halten. Immer weniger junge Leute interessierten sich für eine Ausbildung in diesem traditionellen Handwerk.

Mit der Rückbesinnung auf Nachhaltigkeit und zeitlose Werte setzt in den letzten Jahren ein neues Interesse am Silber ein. Auch Rob & Jaap Thalen entschieden sich, mit einem ganz eigenen Weg Menschen wieder für ein Handwerk zu begeistern, das doch eigentlich gar nicht mehr existierte.
Sie begnügten sich nicht damit, Alltagsgerät in Silber zu fertigen und anzubieten, sie entschlossen sich, zu jedem Stück eine Geschichte, nämlich die der Entstehung, zu erzählen. Der Käufer hält nicht nur das fertige Produkt in den Händen, er nimmt Anteil an seiner Entstehung, erfährt viel über den langwierigen aber zugleich spannenden Prozess: Erste Ideen werden skizzenhaft zu Papier gebracht, dann in der technischen Zeichnung weiterentwickelt und schließlich in digitaler Form dreidimensional umgesetzt. Im nächsten Schritt werden Prototypen in Papier und dann in Kupfer oder

Bronze gefertigt. Bei der Ausführung in Silber gilt es schließlich, die festgelegte Form immer wieder zu hinterfragen, zu überprüfen, es gilt aber auch die Bearbeitung der Oberfläche oder die farblichen Akzente zu entscheiden, die dem Silber zur Seite gestellt werden.

Thalen & Thalen entschieden sich aber auch für eine zeitgemäße Gestaltung: Das Formenrepertoire ihrer Schalen oder Service reicht von Zitaten der Postmoderne über betont konstruktive Arbeiten, die mit ihren raumgreifenden, aufbrechenden Elementen an die Architektur eines Frank O. Gehry erinnern, bis hin zu kleinen Accessoires in Feinsilber die von ihrer haptischen Sensibilität leben.

Dr. Christianne Weber-Stöber
Gesellschaft für Goldschmiedekunst e.V. Deutsches Goldschmiedehaus Hanau

schetsen/designs/Entwürfe

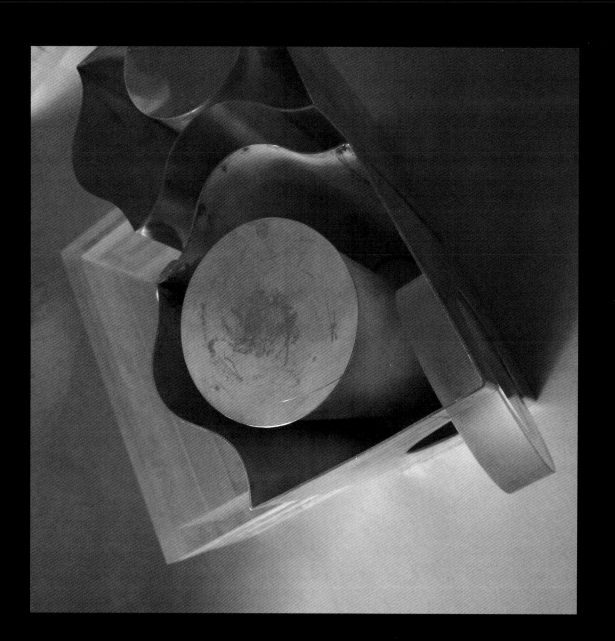

Curves...

May we present to you some images of silver art objects. Try to see these images through the eyes of the artists. Please search for shapes and images hidden in every object.
Sometimes it looks as if we want to pull your leg, give you the wrong impression of an object that isn't quite what you might think it is!
On the other hand, we want to make a contemporary link between the value element of the silver, the craft and the 21st century. But most importantly, we would like you to enjoy!

The title of this book gives an indication of the many ways we have tried to embrace the force to accomplish that element that we seek. But we have to admit that we also like the bended shapes in the silver object. Hollow and spherical; polished surfaces that give these great reflections mirroring what is 'outside' of the material.
Finding the right curve is a result of many years of experience, but it is also a matter of experimenting. This is one of the aspects where the eye of the artist is the most important tool.

We hope that you may experience some of the inspiration that we feel and seek in this book. Please enjoy every page, take your time to come close to the objects we made for you...

Rob & Jaap Thalen

Curves...

Impressies van zilveren kunstobjecten. Beelden die u op de een
of andere manier laten kijken door de ogen van de kunstenaars.
Indrukken die een zoektocht voorstellen. Onze zoektocht naar de
beelden die in elk zilveren kunstwerk 'verstopt' zijn.
Soms proberen wij u op het 'verkeerde been' te zetten, maken we
een grapje. Geven we u de indruk dat het object niet is wat het lijkt.
Aan de andere kant willen wij een hedendaagse link leggen tussen
enerzijds het 'waarde element' van het zilver, de traditie van het oude
ambacht, en anderzijds de vormgeving van de eenentwintigste eeuw,
nieuwe inzichten omtrent gebruik en misschien het belangrijkste,
het genieten!

De titel van dit boek geeft voor ons een indicatie weer van de bochten
waarin wij ons vaak moeten wringen om datgene te verwezenlijken
dat ons voor ogen staat. Maar het moet gezegd worden dat we
ook bijzonder gesteld zijn op krommingen in het zilver. Gepolijste
oppervlakken geven bijzondere reflecties, spiegelen hetgeen zich
buiten het zilver 'afspeelt'. Bochten, krommingen, hol en bol zijn
uitingsvormen die een spanning weergeven. De juiste bocht, de
juiste kromming is het resultaat van veel ervaring, maar ook van
experiment. Hier is het oog van de kunstenaar onontbeerlijk.

Wij hopen dat u bij het beleven van dit boekwerk een stukje van
onze inspiratie mag ervaren. Neem de tijd om van elke afbeelding
te genieten... elk object omvat heel wat beelden.

Rob & Jaap Thalen

Curves... Courbes

Impressions d'objets d'art en argent. Images qui vous permettent de vous glisser en quelque sorte dans le regard des artistes. Sensations qui représentent une quête. Notre quête des images qui se 'dissimulent' dans toute œuvre d'art en argent.
Nous essayons parfois de vous prendre à contre-pied, de vous faire un peu marcher. De vous donner l'impression que l'objet n'est pas ce qu'il paraît être. Par ailleurs, nous voulons établir un lien contemporain entre, d'une part, la 'valeur' de l'argent, la tradition de l'artisanat ancien et, d'autre part, le design du vingt-et-unième siècle, de nouvelles perspectives d'utilisation, sans oublier le plus important peut-être, le plaisir!

Le titre de cet ouvrage évoque pour nous les contorsions que nous devons souvent consentir pour réaliser ce que nous avons à l'esprit. A cela s'ajoute que nous sommes particulièrement friands des courbes dans l'argent. Les surfaces polies donnent des reflets spéciaux, reflètent ce qui se 'joue' à l'extérieur de l'argent. Courbes, courbures, creux et rondeurs sont des formes d'expression qui reproduisent une tension. La bonne courbe, le bel arrondi est le fruit de beaucoup d'expérience mais aussi d'expérimentation. Ici, l'œil de l'artiste est indispensable.

Nous espérons qu'en feuilletant cet ouvrage, vous expérimenterez un peu de notre inspiration. Prenez le temps d'apprécier chaque illustration... chaque objet regorge d'images.

Rob & Jaap Thalen

Curves... Krümmungen

Impressionen von Kunstgegenständen aus Silber. Bilder, die Ihnen ermöglichen, aus der Sicht des Künstlers zu sehen. Eindrücke, die eine Suche darstellen. Unsere Suche nach Bildern, die in jedem Silberkunstwerk 'versteckt' sind.
Manchmal versuchen wir, Sie auf eine 'falsche Fährte' zu locken, machen Spaß. Vermitteln Ihnen den Eindruck, dass das Objekt nicht das ist, was es zu sein scheint. Im Übrigen möchten wir den aktuellen Zusammenhang herstellen zwischen einerseits dem 'Silberwert', der Tradition des alten Handwerks, und andererseits dem Design des 21. Jahrhunderts, neuen Verwendungszwecken, und dabei vielleicht das Wichtigste, der Genuss!

Der Titel dieses Buches führt uns vor Augen, wie wir uns manchmal krümmen und winden müssen, um das zu verwirklichen, was uns vorschwebt. Dabei muss jedoch bemerkt werden, dass wir Krümmungen und Windungen im Silber besonders schätzen. Polierte Oberflächen verleihen einen besonderen Glanz, spiegeln wieder, was sich außerhalb des Silbers 'abspielt'. Wölbungen, Krümmungen, hohl und rund, sind Ausdrucksformen, die eine Spannung wiedergeben. Die richtige Wölbung, die richtige Krümmung ist das Resultat jahrelanger Erfahrung, aber auch vieler Versuche. Hier ist das Auge des Künstlers einfach unentbehrlich.

Wir hoffen, dass Sie mit diesem Buch etwas von unserer Inspiration nachempfinden können. Nehmen Sie sich die Zeit, jedes Bild zu genießen... jedes Objekt steckt voller Bilder.

Rob & Jaap Thalen

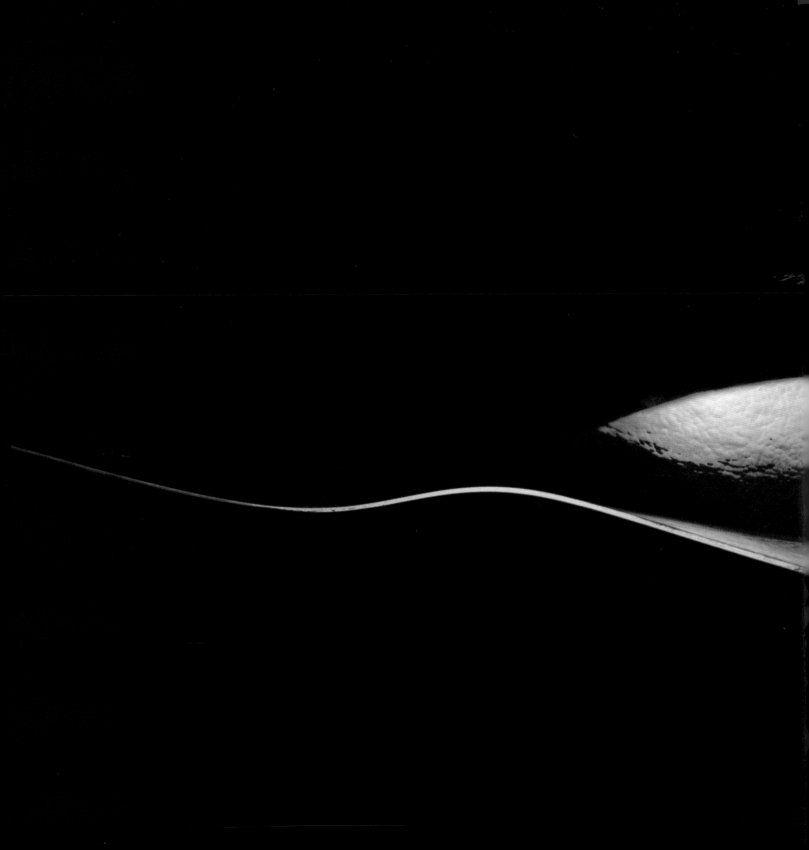

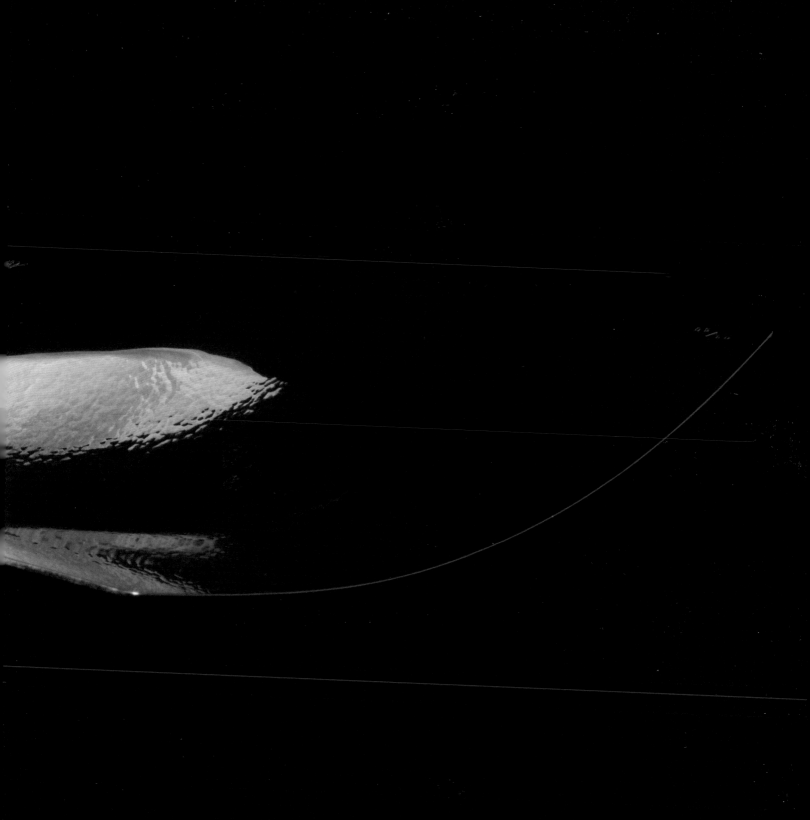

Some time ago we were 'startled' by a sudden feeling, a need to 'catch' silver elements in a system of uniform elements.
Why... we had no idea, or maybe we had, but well... it's a long story.
During our search we tried out many forms and we finally created a triangular shape with lobate 'wings', making up a new triangle together with the basic triangle. This element was given a slightly spherical form and we tried to find out what size element in the bulge would fit in this way in order to create a three-dimensional shape.

We built a number of bowls, adapting and customizing the triangular element several times and making variations on it.

One of the 'bowls' was named *Lavabowl* because the exterior is equipped with a large number of ravens black balls that beautifully contrast with the polished surface of the bowl.
A second version is called *Don't forget my shadow*. This name occurred to us on the occasion of an exhibition in Milan, Italy, where the exhibited object threw beautiful shadows.

We feel that this triangular element has not yet been developed to the full and we look forward to the beautiful things that may come from this initiative.

Driehoekige elementen

Enige tijd geleden werden we 'opgeschrikt' door een plotseling
ontstaan gevoel zilveren objecten te willen 'vangen' in een
systeem van gelijkvormige elementen. Waarom... geen idee,
of misschien toch wel, maar... lang verhaal.
Bij onze zoektocht hebben we heel wat vormen onder handen
gehad en uiteindelijk vonden we een driehoekige vorm met
lobvormige, uitstekende delen die samen met de basisdriehoek
opnieuw een soort driehoek vormden. Dit element werd bol
gevormd en we zochten welk maatelement bij welke bolling
zou passen om op deze manier een driedimensionale vorm
te creëren.
We bouwden een aantal schalen, waarbij we het driehoekige
element nog een aantal malen aanpasten en varianten erop
ontwikkelden.
Een van de *bowls* kreeg de naam *Lavabowl*, omdat deze aan de
buitenzijde voorzien is van een groot aantal ravenzwarte bollen,
die prachtig contrasteren met het gepolijste oppervlak van
de schaal.
Een tweede uitvoering draagt de naam *Don't forget my shadow*.
Deze naam ontstond toen het object in Milaan op een beurs
tentoongesteld werd en het aanwezige licht prachtige schaduwen
tentoonspreidde.
We hebben het gevoel dat dit driehoekige element nog niet
uitontwikkeld is en we verheugen ons op de mooie dingen die
nog mogen komen.

Eléments triangulaires

Il y a quelque temps, nous avons été pris du sentiment subit
que nous voulions 'saisir' des objets en argent dans un système
d'éléments uniformes. Pourquoi... aucune idée, quoique, mais...
c'est une longue histoire.
Au cours de notre quête, nous avons travaillé de nombreuses
formes et avons finalement trouvé une forme triangulaire avec des
parties saillantes en forme de lobes, formant à leur tour une sorte
de triangle avec le triangle de base. Cet élément, nous lui avons
donné une forme ronde et nous nous sommes mis à chercher quel
élément s'ajusterait à quelle rondeur pour créer ainsi une forme
tridimensionnelle.
Nous avons construit plusieurs coupes, en adaptant encore notre
élément triangulaire à plusieurs reprises et en lui développant
des variantes.
Une de ces coupes (*bowls*) a été baptisée *Lavabowl*, parce qu'elle
est pourvue à l'extérieur d'un grand nombre de boules noires
comme jais, formant un magnifique contraste avec la surface polie
de la coupe.

Une deuxième réalisation porte le nom de *Don't forget my shadow*.
Ce nom a vu le jour à Milan, lors d'une exposition: la lumière
présente jetait de jolies ombres autour de l'objet.
Nous avons le sentiment de ne pas encore avoir épuisé toutes les
possibilités de cet élément triangulaire et nous nous réjouissons
des belles choses qu'il peut encore receler.

Dreieckige Elemente

Vor einiger Zeit wurden wir von dem plötzlichen Gefühl 'aufgeschreckt', dass wir Silbergegenstände in einem System aus einheitlichen Elementen 'einfangen' wollten. Warum... keine Ahnung - doch, aber... das ist eine lange Geschichte.
Auf unserer Suche haben wir mit vielen Formen gearbeitet und haben schließlich eine dreieckige Form mit hervortretenden lappenförmigen Vorsprüngen entdeckt, die zusammen mit dem eigentlichen Dreieck wiederum eine Art Dreieck bildete. Diesem Element haben wir eine runde Form verliehen und haben überlegt, welches Element zu welcher Rundung passen könnte, um so eine dreidimensionale Form zu schaffen.
Wir haben einige Schalen geschaffen, wobei wir aber unser dreieckiges Element mehrmals anpassen mussten und weitere Varianten entwickelt haben.

Eine dieser Schalen (*bowls*) wurde *Lavabowl* getauft, da sie auf der Außenseite mit zahlreichen pechschwarzen Kugeln versehen ist, die einen schönen Kontrast zur polierten Oberfläche der Schale bilden.
Eine zweite Ausführung trägt den Namen *Don't forget my shadow*. Der Name entstand, als das Objekt in Mailand ausgestellt wurde, und das Licht dort wundervolle Schatten vom Objekt aus projizierte.

Wir haben das Gefühl, dieses dreieckige Element noch nicht vollkommen ausgeschöpft zu haben und freuen uns auf die schönen Dinge, die noch kommen mögen.

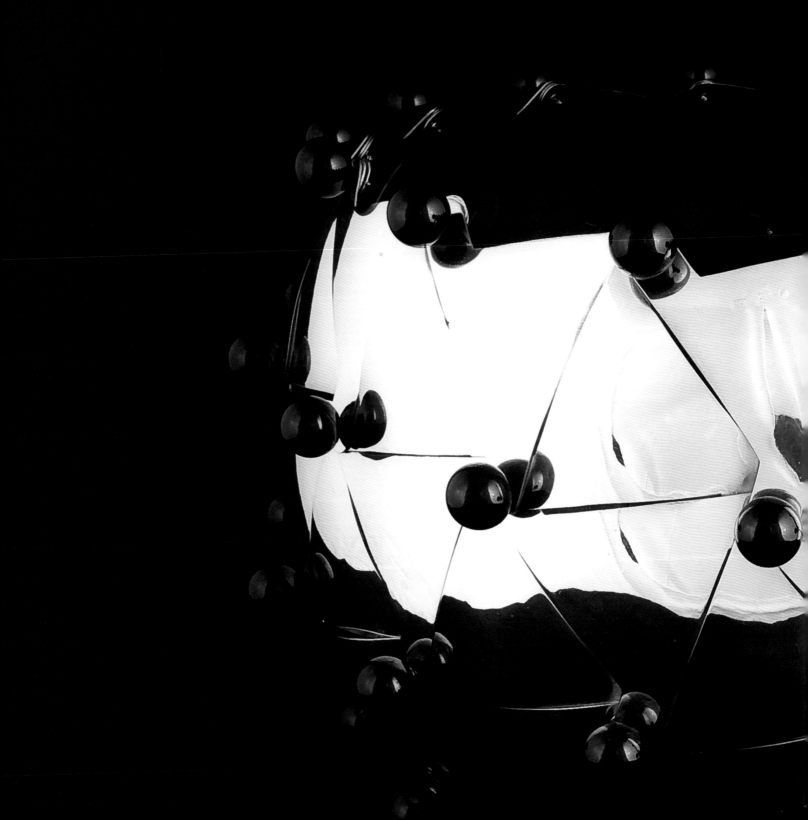

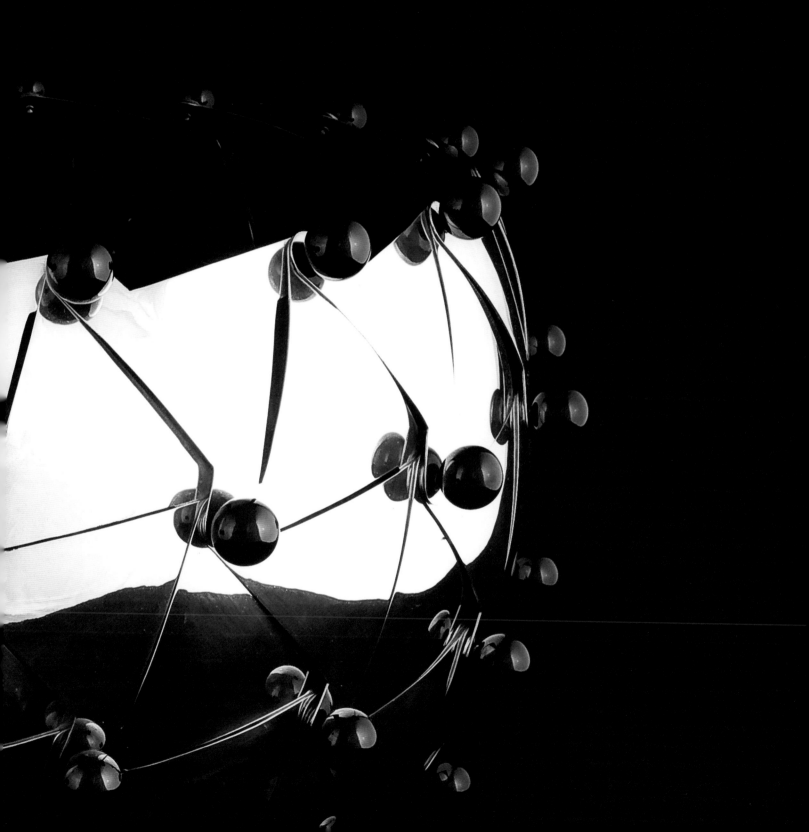

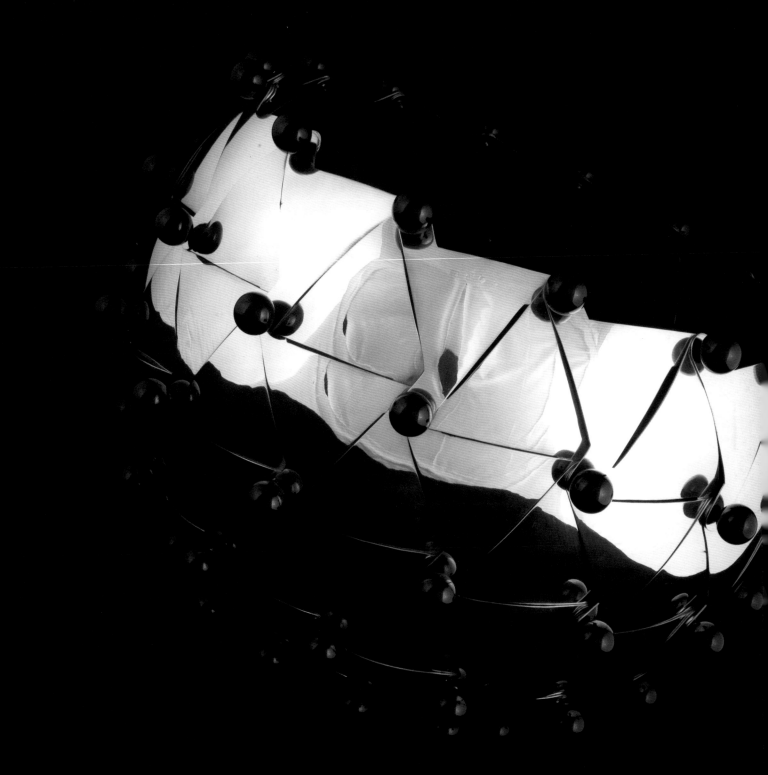

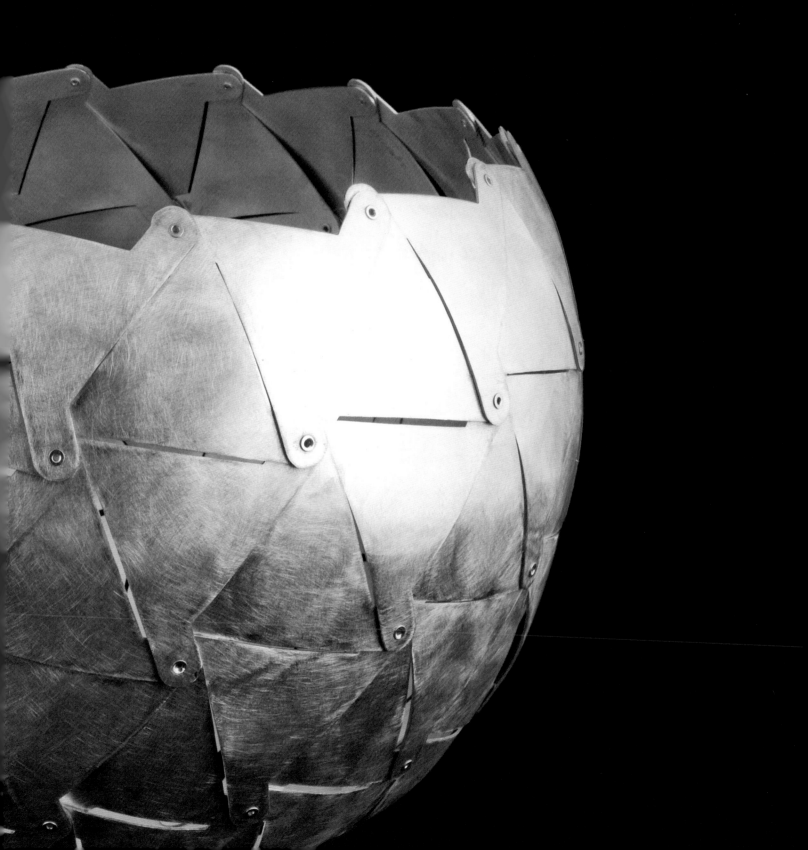

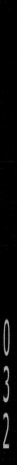

Mandarin Ball

Developing the *Mandarin Ball* was in some way a logical result of the development of the triangular element we used for the lava bowl. Creating an almost full sphere with a narrow entrance. A spherical form, with a transparent appearance. A shape that seems to be regular, but which is based on an almost chaotic principle.

After creating a prototype out of bronze sheet metal, we were inspired to add color and texture. When we 'produced' the 28 silver elements that can make a ball shape, we needed to decide about color and/or texture, before mounting the parts together.
Our first ball was orange on the inside... mandarin orange!

Although colors changed, as well as the surface structures, the name of *Mandarin Ball* has been retained. The *Mandarin Ball* is created in two sizes (17 and 23 cm diameter) in a limited edition of nine pieces.

Mandarin Ball

De ontwikkeling van de *Mandarin Ball* was op een of andere manier een logisch gevolg van de ontwikkeling van het driehoekige element. Een bijna volledige bol te maken met slechts een kleine opening. Een bolvorm die toch een zekere mate van transparantie zou bezitten. Een vorm die regelmatig lijkt, maar toch op een bijna chaotisch principe steunt.

Nadat we een prototype hadden gemaakt uit bronzen delen, ontstond het idee van gekleurde of gepatineerde oppervlakken... Na het maken van de 28 zilveren delen die de bol zouden vormen, diende - alvorens de bol werd gemonteerd - een besluit te worden genomen omtrent de kleur.
De eerste *ball* werd oranje aan de binnenkant... mandarijn oranje!

Hoewel de kleuren en de oppervlaktestructuren veranderden, bleef de naam *Mandarin Ball* overeind.
De *Mandarin Ball* werd in verschillende afmetingen (17 en 23 cm doorsnede) in een oplage van negen stuks vervaardigd.

Mandarin Ball

La conception de la *Mandarin Ball* est en quelque sorte une conséquence logique du développement de l'élément triangulaire. Une boule presque entière mais avec une petite entrée. Une boule qui posséderait cependant un degré de transparence. Une forme qui semble régulière, mais repose sur un principe quasi chaotique.

Après avoir réalisé un prototype à partir d'éléments en bronze, l'idée nous est venue de colorer ou de patiner les surfaces... Après avoir réalisé les 28 parties en argent qui formeraient la boule, et avant de l'assembler, il nous fallait décider de la couleur.
La première *ball* était orange à l'intérieur... orange mandarine!

Les couleurs ont changé, les structures de surface aussi, mais le nom *Mandarin Ball* est resté!
La *Mandarin Ball* a été réalisée en différentes dimensions (diamètre de 17 et 23 cm) dans un tirage de neuf pièces.

Mandarin Ball

Die Konzeption des *Mandarin Ball* war irgendwie die logische Fortsetzung der Entwicklung des dreieckigen Elements. Beinahe eine Kugel mit einem kleinen Eingang. Eine Kugelform, die einen Hauch von Transparenz haben sollte. Eine Form, die regelmäßig scheint, aber auf einem fast chaotischen Prinzip basiert.

Nachdem wir den Prototyp aus Bronzeteilen gebaut hatten, entstand die Idee von gefärbten oder patinierten Oberflächen... Nachdem wir 28 Silberelemente gefertigt hatten, die die Kugel bilden sollten, mussten wir uns Gedanken zur Farbe machen bevor wir sie zusammensetzen konnten.
Der erste *Ball* wurde orange von innen... mandarin-orange!

Die Farben und die Oberflächenstruktur haben sich im Laufe der Zeit verändert, aber der Name *Mandarin Ball* ist geblieben.
Der *Mandarin Ball* wurde in verschiedenen Abmessungen (17 und 23 cm Durchschnitt) und in einer Auflage von neun Stück gefertigt.

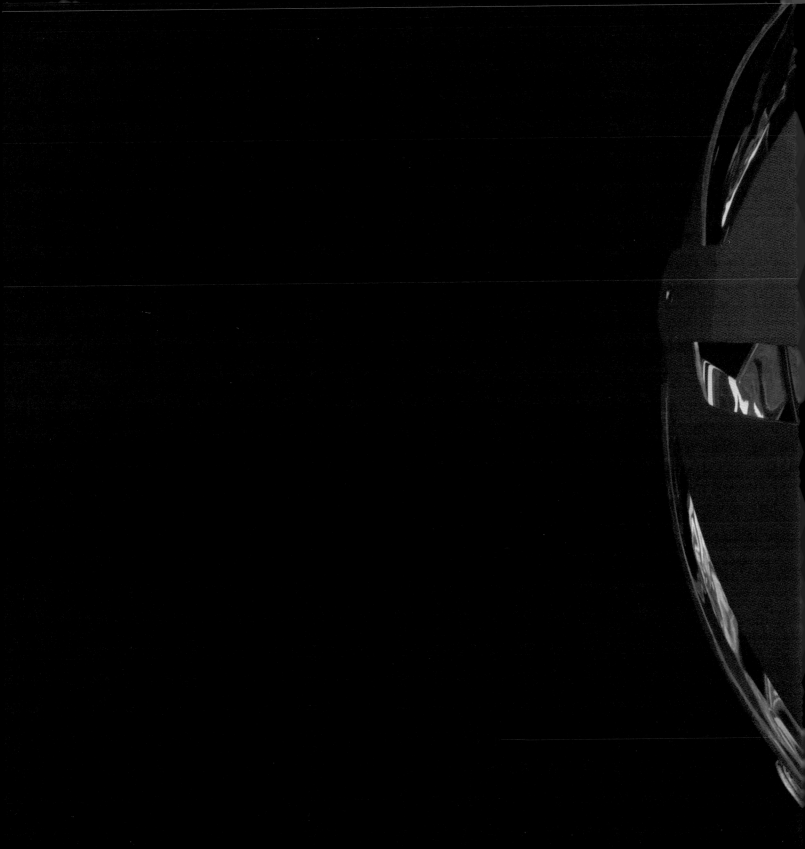

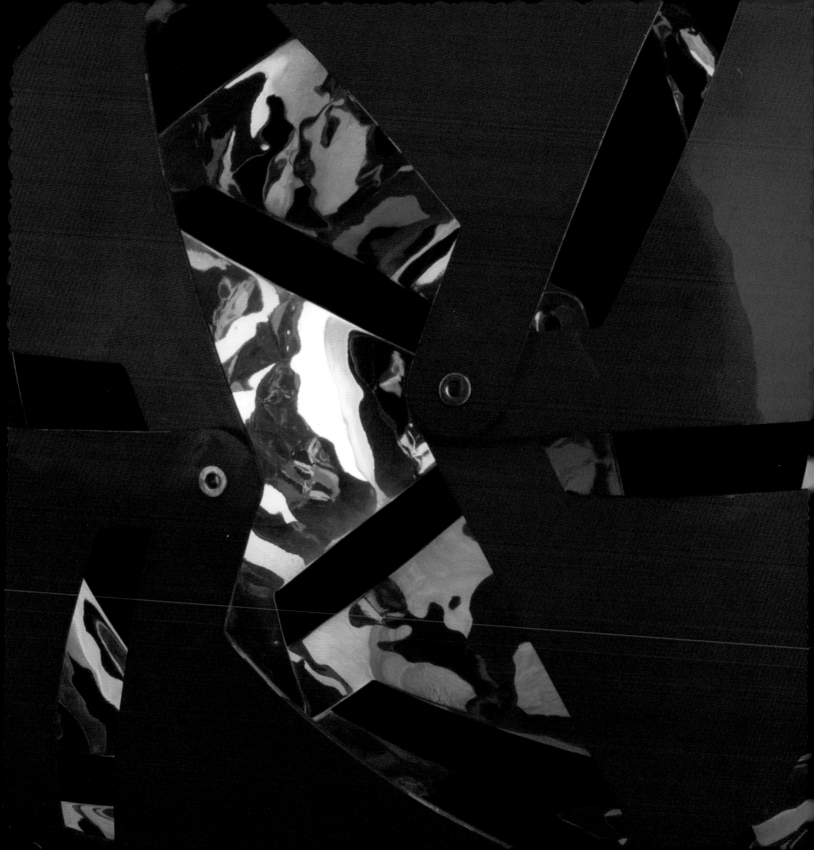

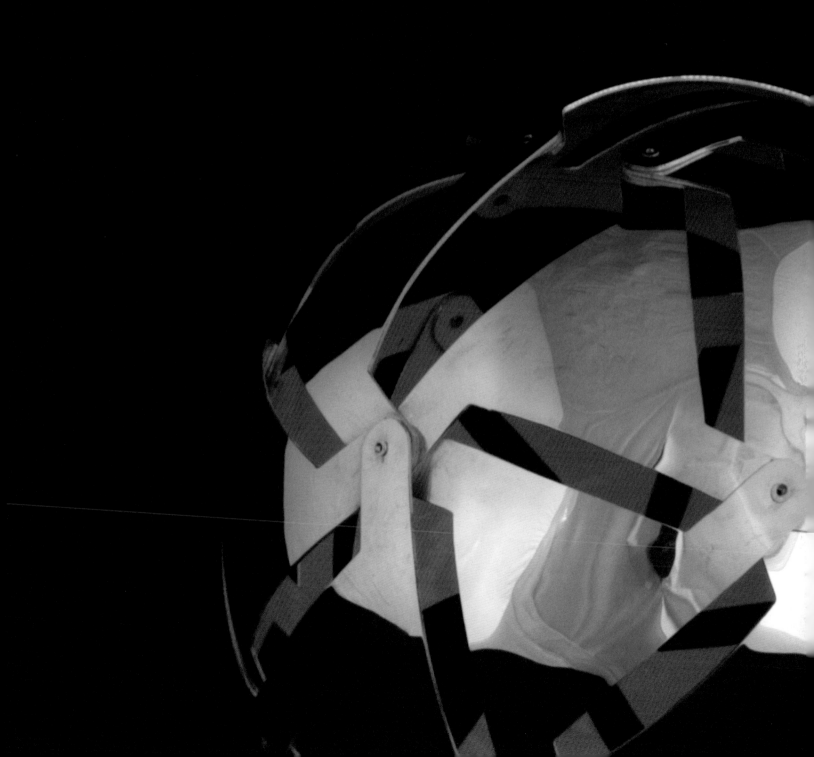

You can roll your tea...

Teapots have been a great subject for silversmiths over the centuries... and this is still the case today.
Several times a year we are infected by this virus and we always try to find new ways in developing teapots. *You can roll your tea* is a design we have developed a few years ago.
The bulbous teapot stands on its own sugar pot. The cover of this sugar pot serves as a support for the 'rolling' teapot. The sprout of the pot is like a channel in between which the golden-colored tea leaves the pot.
The teapot is produced in a limited edition and if you wish, it comes with wooden handles, combined with highly polished silver parts. It is also possible to realize the handles in Corian, with the silver very delicately hand-sanded in beautiful swirling patterns.
With this teapot, the use of tea bags can be quite comfortable.
Soon the variant with Corian parts will be equipped with matching tea cups... development never ends.

You can roll your tea...

Theepotten zijn door de eeuwen heen steeds een
dankbaar onderwerp voor edelsmeden geweest... en
nog steeds. Een aantal malen per jaar slaat dit virus bij
ons toe en steeds proberen we nieuwe wegen te vinden.
You can roll your tea is een ontwerp dat we enkele jaren
geleden hebben ontwikkeld. De bolle theepot staat op
zijn eigen suikerpot. Het deksel van deze suikerpot dient
als steun voor de 'rollende' theepot. De tuit van de pot is
als een gootje van waaruit de goudgekleurde thee naar
buiten vloeit.
Deze theepot wordt in een kleine oplage vervaardigd
en wordt naar wens voorzien van houten grepen, in
combinatie met glanzend gepolijste zilveren delen.
Daarnaast is het mogelijk de handgrepen uit te voeren
in Corian en wordt het zilver heel delicaat met de hand
geschuurd in prachtige wervelende patronen.
Een theepot waarbij het gebruik van theezakjes heel
comfortabel kan zijn.
Binnenkort zal de variant met Corian-delen worden
voorzien van bijpassende theekopjes... Ontwikkelingen
houden nooit op.

You can roll your tea...

Les théières ont constitué au fil des siècles un sujet
fécond pour les orfèvres... et elles fascinent toujours.
Régulièrement contaminés par ce virus, nous essayons
à chaque fois de trouver de nouvelles voies. *You can
roll your tea* est un projet que nous avons développé
il y a quelques années. La théière ronde trône sur son
sucrier. Le couvercle de ce sucrier sert d'appui à la théière
'roulante'. Le bec de la théière évoque une rigole par
laquelle s'échappe le liquide doré.
Réalisée en petit tirage, cette théière est pourvue, au
choix, de poignées en bois, en combinaison avec des
parties en argent poli brillant.
Il est en outre possible de réaliser les poignées en Corian
et de poncer l'argent très délicatement à la main, en de
superbes motifs tourbillonnants.
Une théière qui permet l'utilisation ô combien confortable
des sachets de thé.
La version composée de parties en Corian s'accompagnera
bientôt des tasses à thé assorties... nous n'arrêtons
jamais d'évoluer.

You can roll your tea...

Teekannen sind über die Jahrhunderte hinweg ein dankbares Thema für Goldschmiede gewesen... bis heute. Mehrmals im Jahr schlägt dieses Virus auch bei uns zu und wir versuchen immer neue Wege zu gehen. *You can roll your tea* ist ein Projekt, das wir vor einigen Jahren entwickelt haben. Die runde Teekanne thront auf ihrer eigenen Zuckerdose. Der Deckel der Zuckerdose dient als Stütze für diese 'rollende' Teekanne. Die Tülle der Teekanne gleicht einer Rinne, aus der die goldene Flüssigkeit beim Ausschenken fließt.
Diese Teekanne wurde in einer kleinen Auflage hergestellt und wird auf Wunsch mit hölzernen Griffen, in Kombination mit glänzend polierten Silberelementen, ausgestattet.
Ferner ist es möglich, die Handgriffe aus Corian zu fertigen und das Silber ganz fein von Hand in einem prächtigen, wirbelnden Muster zu schleifen.
Eine Teekanne, bei der die Verwendung von Teebeuteln sehr komfortabel sein kann.
Die Variante mit den Corian-Elementen wird bald mit den dazugehörigen Teetassen verfügbar sein... die Entwicklung geht voran!

Red hot

Or full: *Red Hot Liquid Comes Your Way*.
This ensemble is reminiscent of architecture and maybe
even of parts in the petrochemical industry.
This group of objects can be used in several ways.
It is a comprehensive tea set, but also a combined tea
and coffee set.

This project is a first development within the idea of
doing something else with coffee and tea sets... making
a combination of silver with contemporary materials such
as PMMA. This is a thermoplastic material, which can be
manipulated in various ways.
Next to this we are also exploring the possibilities of
carbon fibre and silver.
We can provide this set in silver, in a highly polished
finishing, but it is also available in a version with a sanded
surface in very delicate patterns.

Enjoying takes many forms. You decide.

Red hot

Of voluit: *red hot liquid comes your way*.
Dit ensemble doet denken aan architectuur en misschien zelfs aan kraakinstallaties in de chemische industrie.
Het is eigenlijk een objectengroep die op verschillende manieren gebruikt kan worden. Het kan als uitgebreide theeset dienen, maar ook als een gecombineerde thee- en koffieset.

Dit project is een eerste ontwikkeling binnen het idee om met koffie- en theeserviezen iets anders te doen...
zoals het combineren van zilver met eigentijdse materialen als PMMA, een thermoplastische kunststof die we op vele manieren kunnen verwerken.
Daarnaast zijn ook de eerste verkenningen met carbon fiber en zilver aan de gang.
Zilver in een hoogglans gepolijste vorm, maar tevens beschikbaar in een uitvoering waarbij het oppervlak van de objecten in heel delicate lijnvoering werd geschuurd.

Genieten kent vele vormen.

Red hot

Red hot, ou plutôt: *red hot liquid comes your way*.
Cet ensemble évoque l'architecture et peut-être même
des installations de craquage dans l'industrie chimique.
C'est en fait un groupe d'objets qui peut être utilisé de
différentes manières. Il peut faire office de vaste service à
thé, et pourquoi pas de service à thé et à café combiné.

Ce projet est un premier développement né de l'envie de
faire des services à thé et à café quelque chose d'autre...
De combiner l'argent avec des matériaux contemporains,
comme le pmma (polyméthacrylate de methyl), un
thermoplastique transparent que nous pouvons travailler
de multiples façons. Nous sommes également en train de
faire nos premières découvertes avec la fibre de carbone
et l'argent.
Argent sous une forme polie et brillante, mais également
disponible dans une version où la surface des objets est
striée de lignes délicates.

Le plaisir prend de nombreuses formes.

Red hot

Red hot, oder vielmehr: *red hot liquid comes your way*.
Dieses Ensemble erinnert an Architektur und vielleicht
sogar an eine Krackanlage der chemischen Industrie.
Tatsächlich ist es eine Gruppe aus Gegenständen, die
unterschiedlich verwendet werden können. Es ist ein
umfassendes Teeservice, aber auch ein kombiniertes Tee-
und Kaffeeservice.

Dieses Projekt ist eine erste Entwicklung aus der Idee
heraus, mit einem Kaffee- und Teeservice einmal etwas
anderes zu tun...
Die Kombination von Silber mit neuzeitlichen Materialien
wie Pmma (Polymethylmethacrylat), ein thermoplastischer
Kunststoff, den wir vielseitig verarbeiten können.
Außerdem machen wir derzeit unsere ersten Erfahrungen
mit Karbonfaser und Silber.
Silber in hochglanzpolierter Form, aber auch erhältlich in
einer Ausführung, bei der die Oberfläche der Gegenstände
in feinster Linienführung geriffelt wurde.

Genuss kennt viele Formen.

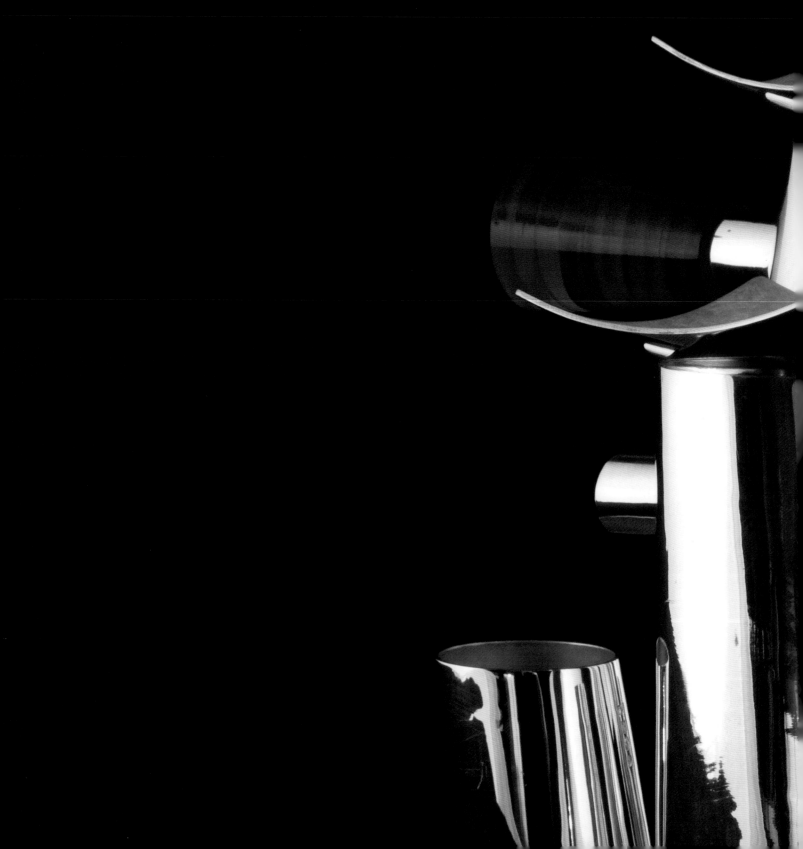

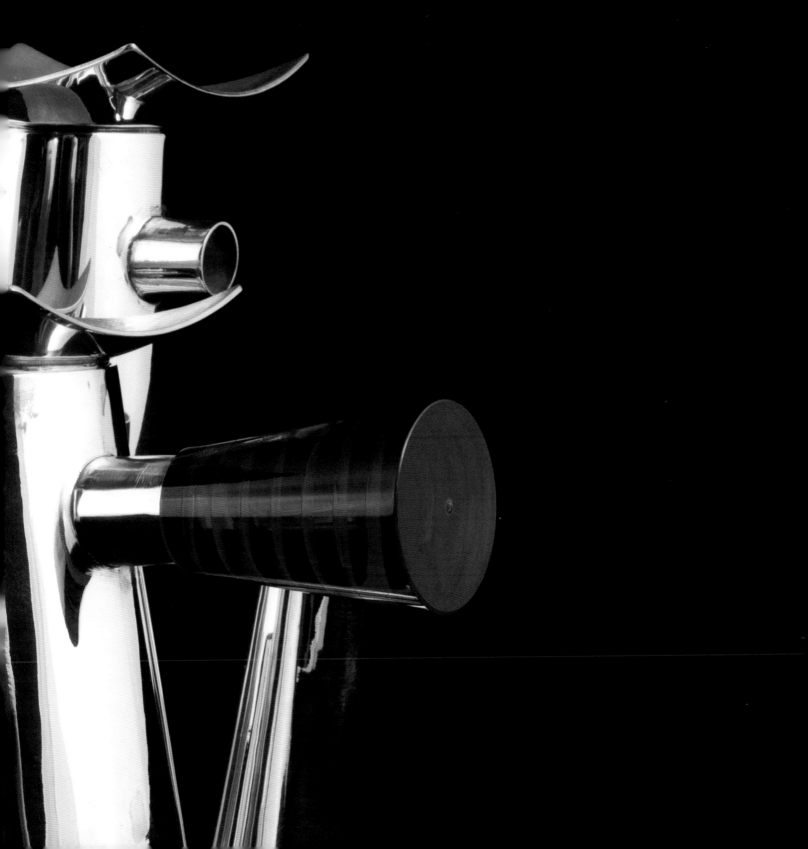

Sometimes wine comes under an angle

Wine and silver, long time friends, have gradually
disappeared and been forgotten.
Designing these objects, we were guided by this lost way
to use silver as a material for making wine cups. We have
chosen a humorous approach. For a moment, it seems
as if we have folded the silver like a cardboard holder.
We have also colored the inside randomly with a fuchsia-
colored coating.

These wine cups are perfect for a chilled white wine,
which lets the outside condensate. The color of the wine is
enhanced by the fuchsia coating.
Placed in a group, the cups have a special dynamism,
some are tilted. At the sight of a large number of these
wine cups a wave-motion will occur...

Based on this modest start, we also consider to tackle the
champagne glass...

Sometimes wine comes under an angle

Wijn en zilver, lange tijd gebruikelijk, maar
langzamerhand verdwenen en vergeten.

Bij het ontwerp van deze objecten hebben we ons laten
leiden door dit vergeten gebruik, maar hebben we een
humoristische benadering gekozen. Het lijkt alsof we
het zilver hebben dichtgevouwen als bij een kartonnen
houder. Daarnaast hebben we de binnenzijde op een soort
ad random wijze voorzien van een fuchsiakleurige coating.

Deze wijnbekers zijn zeer geschikt voor een koele witte
wijn, die de buitenzijde laat condenseren en de kleur van
de wijn benadrukt door de fuchsia coating.
In een groep geplaatst, krijgen deze bekers nog een extra
dynamiek, sommigen staan onder een hoek. Bij het zien
van een groot aantal bekers ontstaat er als het ware een
golvende beweging...

Op basis van dit kleine begin gaan we nog eens nadenken
over de champagneflûte...

Sometimes wine comes under an angle

Le vin et l'argent, un duo qui a été d'usage longtemps,
avant de tomber lentement en désuétude.
Lors de la conception de ces objets, nous nous sommes
laissés inspirer par cet usage oublié, tout en optant pour
une approche humoristique. Ne dirait-on pas que nous
avons plié l'argent comme pour un récipient en carton...
Nous avons paré l'intérieur, de manière pour ainsi dire
aléatoire, d'une couche fuchsia.

Ces carafes conviennent particulièrement bien pour
accueillir un vin blanc frais: l'extérieur se pare d'une fine
couche de condensation tandis que la couleur du vin est
rehaussée par le revêtement fuchsia.
Placées en groupe, les carafes acquièrent une dynamique
propre, certaines se trouvent 'sous un angle'. Quand on
les regarde en grand nombre, on voit se créer une sorte
de mouvement ondulant...

A partir de ces débuts timides, nous allons réfléchir une
nouvelle fois à la flûte de champagne...

Sometimes wine comes under an angle

Wein und Silber, lange Zeit gebräuchlich, aber dann aus
der Mode gekommen.
Beim Entwurf dieser Objekte haben wir uns von
diesem vergessenen Brauch leiten lassen, jedoch mit
humoristischem Ansatz. Man könnte glauben, wir haben
das Silber wie ein Behältnis aus Karton gefaltet.
Ferner haben wir die Innenseite, etwa nach Zufallsprinzip,
mit einer fuchsiafarbenen Beschichtung versehen.

Diese Weinkelche eignen sich hervorragend für einen
kühlen Weißwein; die Außenseiten lassen Kondenswasser
entstehen und die fuchsiafarbene Beschichtung
unterstreicht optimal die Weinfarbe.
In einer Gruppe positioniert gewinnen die Weinkelche an
Dynamik, manche stehen in einem besonderen Winkel.
Beim Anblick einer großen Anzahl entsteht eine Art
wellenförmige Bewegung...

Ausgehend von diesen zaghaften Anfängen, werden wir
noch einmal über die Sektkelche nachdenken...

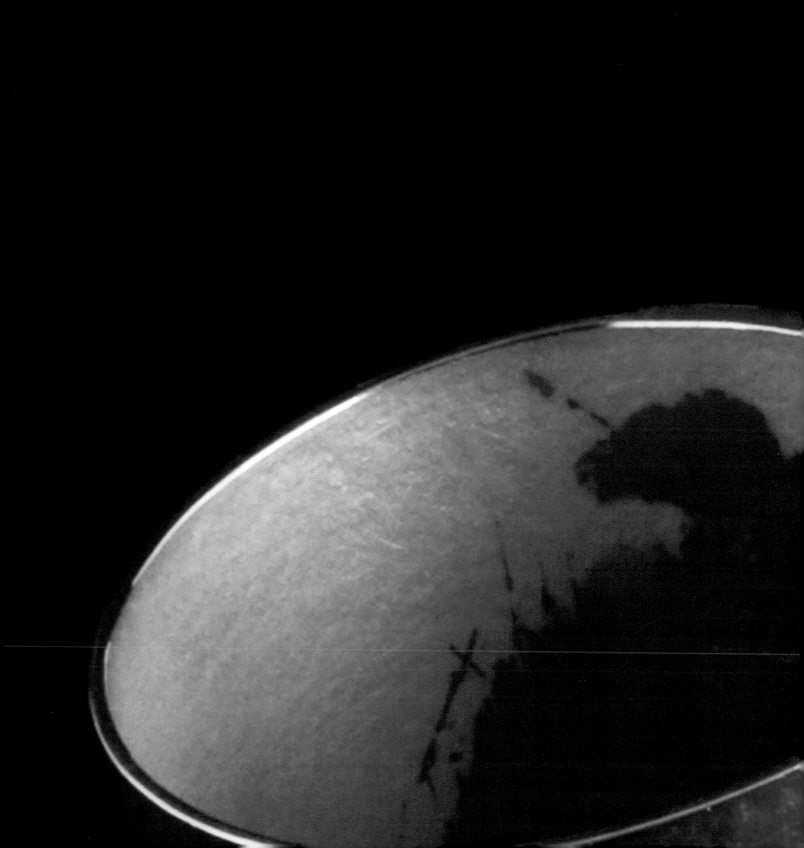

Open bowl

This object is in fact the model for an object that could and should be made in much larger sizes. It is a quest for the search of tensions in the silver. Assuming a solid square plate, creating an open sphere...

During the process of hammering, the material must be 'moved'. Creating this object we forced the silver to wrinkle on the sides of the object. To emphasize the wrinkles, we made three supports in ebony: two inverted cones and a long - stretched - arm.

Currently we are looking for courage and strength to create the object we're dreaming of, to be manufactured on a large scale with an unprecedented plate thickness...

Open bowl

Dit object is in feite een maquette voor een object dat in veel grotere afmetingen gemaakt moet worden.
Het is een zoektocht naar spanningen in het zilver.
Uitgaande van een vierkante plaat een open bolvorm creëren...

Tijdens het proces van drijven moet het materiaal 'verplaatst' worden. In dit geval hebben we het als het ware gedwongen te rimpelen. Om de rimpels te benadrukken, werden drie steunen aangebracht in ebbenhout: twee omgekeerde conussen en een lange - ver uitstekende - arm.

Momenteel zoeken we de moed en de kracht om het gedroomde object te vervaardigen in grote afmetingen uit een plaat van ongekende dikte...

Open bowl

Cette œuvre est en fait la maquette d'un objet qui doit
être réalisé en beaucoup plus grande dimension.
Une quête des tensions dans l'argent. Partant d'une
plaque carrée, créer une forme ronde ouverte...

Durant le processus de bosselage, le matériel doit
être 'déplacé'. Dans ce cas-ci, nous l'avons pour ainsi
dire contraint à se plisser. Pour souligner ces plis,
nous avons ajouté trois appuis en ébène. Deux cônes
inversés et un long bras saillant au loin.

Maintenant, nous cherchons le courage et la force de
réaliser l'objet rêvé dans de grandes dimensions avec
une plaque d'épaisseur inconnue...

Open bowl

Dieses Werk ist eigentlich das Modell für ein Objekt, das in viel größerer Abmessung hergestellt werden soll. Es ist eine Suche nach Spannungen im Silber. Ausgehend von einer viereckigen Platte eine offene runde Form schaffen...

Während dem Treibverfahren muss Material 'verlagert' werden. Im vorliegenden Fall haben wir das Material gezwungen, sich in Falten zu legen. Um diese Falten zu unterstreichen, haben wir drei Stützen aus Ebenholz angebracht: zwei umgekehrte Kegel und ein langer, weit hervorstehender Arm.

Jetzt suchen wir den Mut und die Kraft, dieses ideale Objekt in großer Abmessung aus einer Platte unbekannter Dicke zu schaffen...

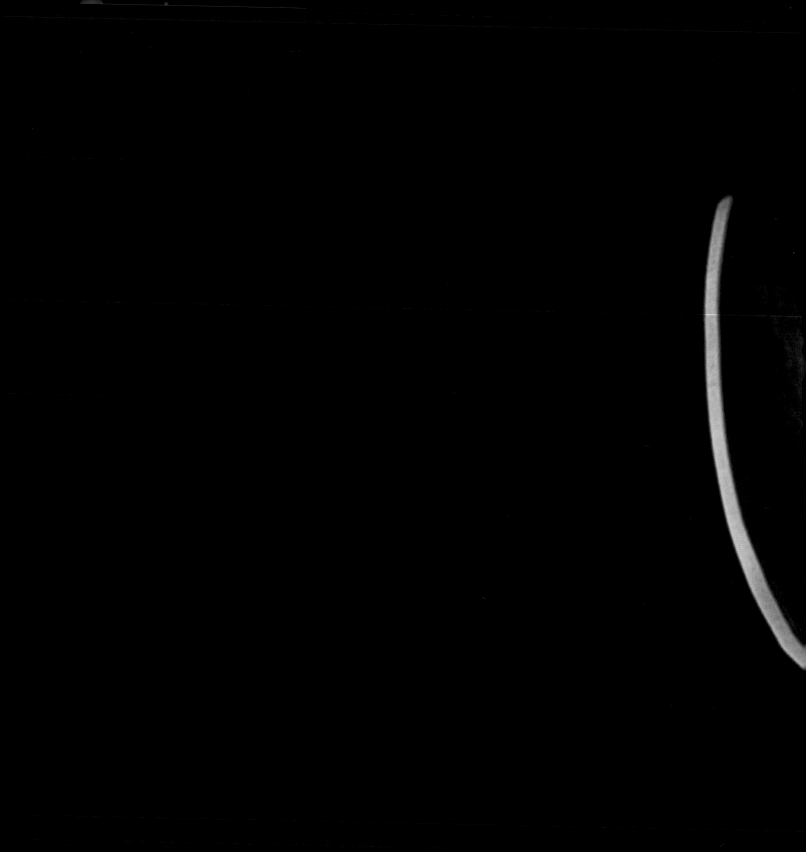

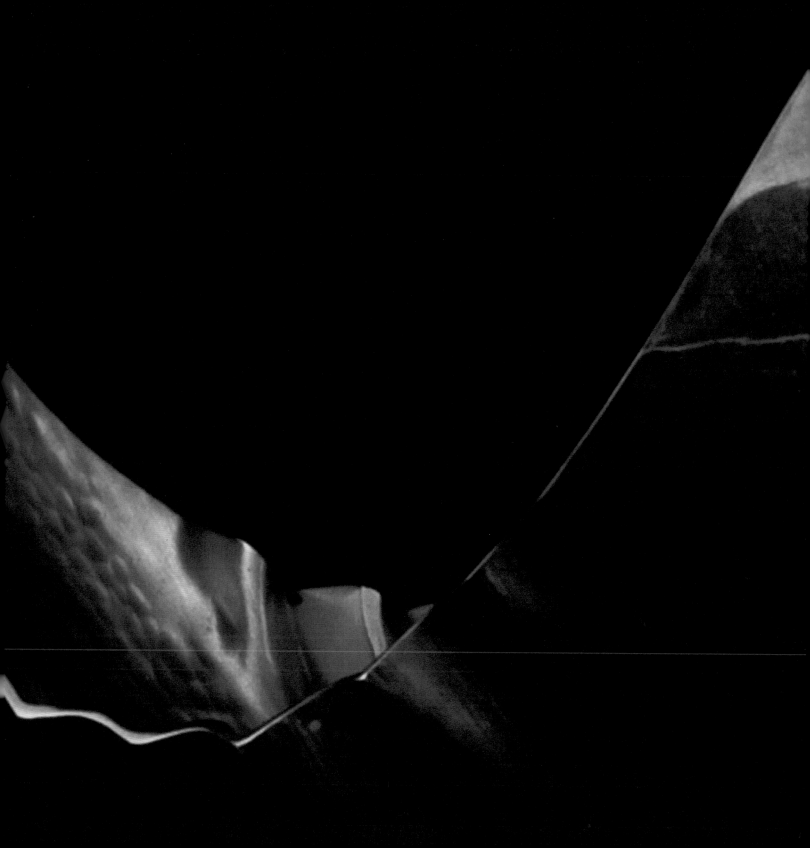

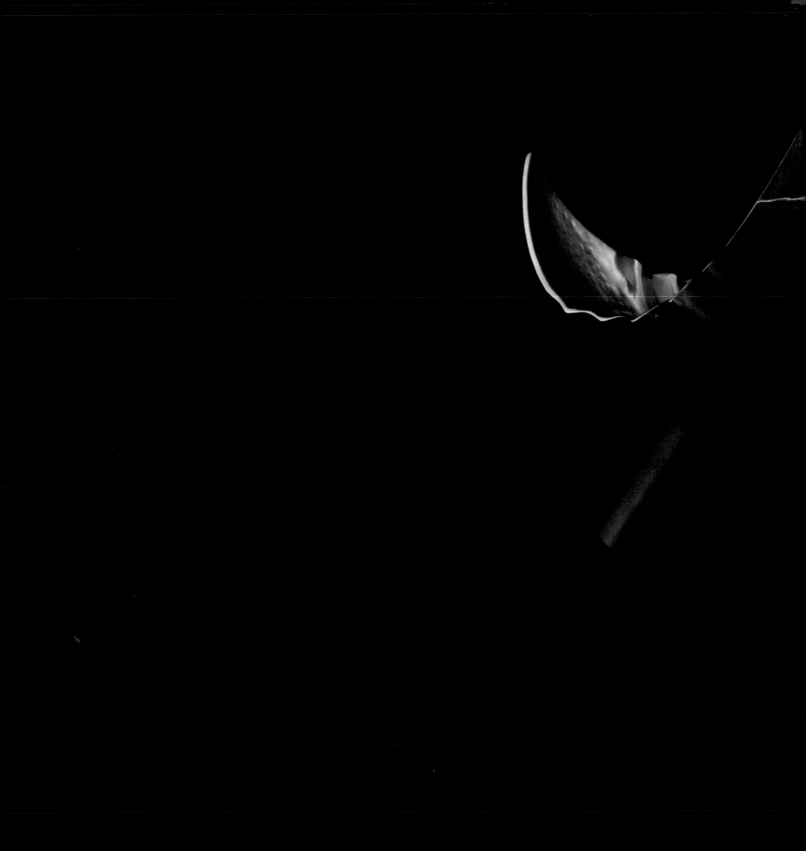

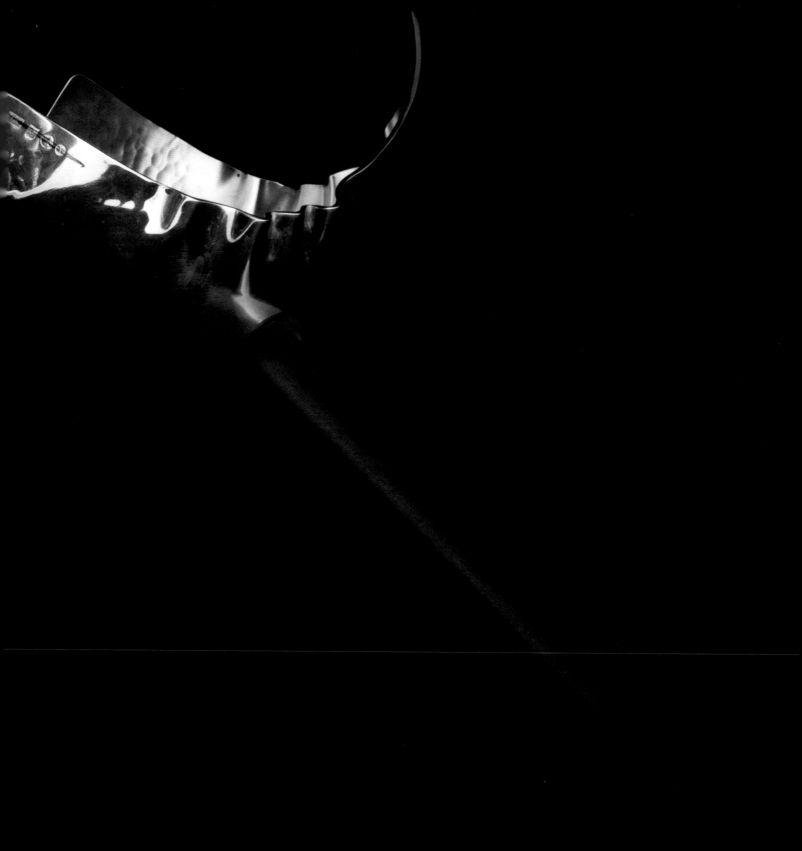

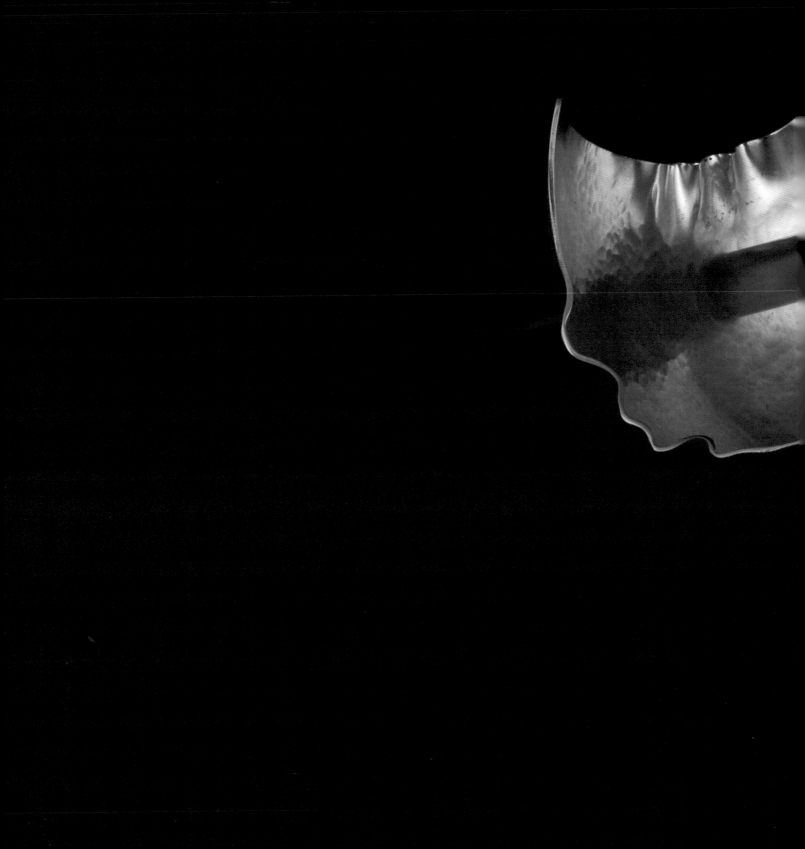

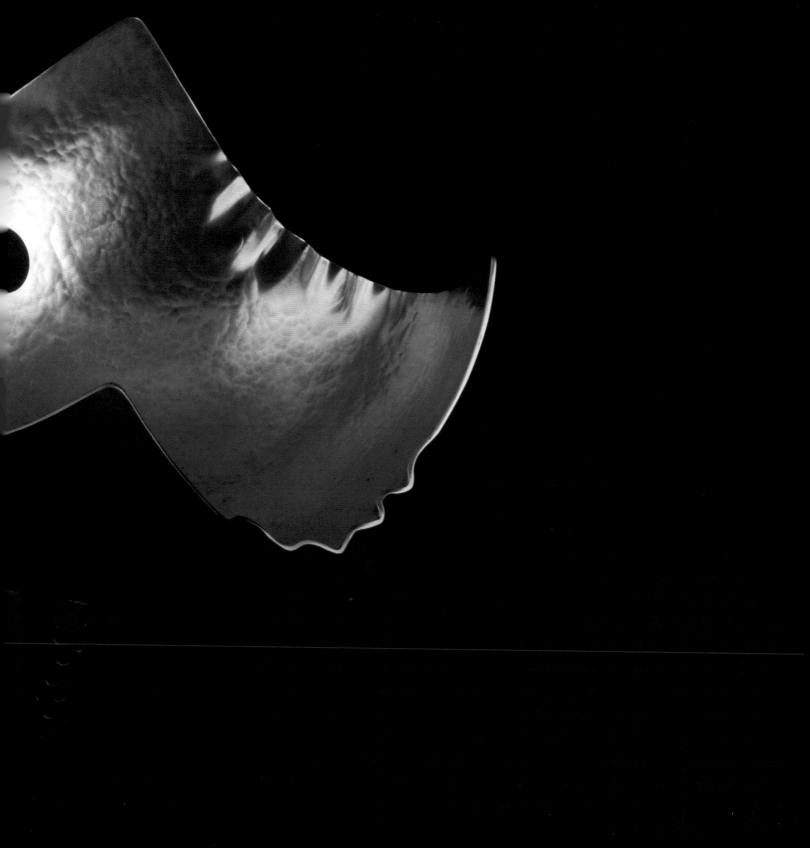

Mikado

This unique item was designed and manufactured in collaboration with the Belgian-Taiwanese jewellery designer Mei Lee. For an exhibition in Brussels, we wanted to create an object in collaboration... A challenge for both parties, because of the different points of departure.

The result of our collaboration is a sturdy silver shell, with a 'woven' interior of hollow silver tubes, that, like a Mikado game, show a subtle balance.

The top ends of the Mikado bars are covered with an orange coating... warning of a stinging experience.

The full title of this item is *Do not touch my mikado*.

Mikado

Dit unieke object werd ontworpen en vervaardigd in samenwerking met de Belgisch-Taiwanese sieradenontwerpster Mei Lee. Voor een tentoonstelling in Brussel wilden we een gezamenlijk object maken... Voor beide partijen een uitdaging omdat de invalshoeken verschillend zijn.

Het resultaat is een stevige schaal, met daardoorheen geweven een aantal holle staven, die als een mikado-spel een subtiele balans vormen.

De punten van de mikadostaven zijn aan de bovenzijde voorzien van een oranje coating... waarschuwing voor een prikkende ervaring.

De volledige titel van dit object is dan ook *Do not touch my mikado*.

Mikado

Cet objet unique a été conçu et réalisé en collaboration avec la créatrice de bijoux belgo-taïwanaise Mei Lee. Nous voulions créer un objet ensemble pour une exposition à Bruxelles... Un véritable défi pour les deux parties en raison de la différence de points de vue.

Le résultat? Un plat solide, transpercé de plusieurs tiges creuses en un équilibre subtil évoquant un jeu de mikado.
Les pointes des tiges de mikado sont pourvues à leur sommet d'un film orange... Attention, ça pique!

Le titre complet de cet objet est dès lors *Do not touch my mikado*.

Mikado

Dieses einmalige Objekt wurde in Zusammenarbeit
mit der belgisch-taiwanesischen Schmuckdesignerin
Mei Lee entworfen und realisiert. Wir wollten ein
gemeinsames Objekt für eine Ausstellung in Brüssel
schaffen... Für beide Parteien eine Herausforderung,
da die Betrachtungsweisen unterschiedlich sind.

Das Resultat ist eine solide Schale, von feinen
Hohlstäben durchbohrt, die als Mikado-Spiel ein
subtiles Gleichgewicht bilden.
Die Mikado-Stabspitzen sind oben mit einer orangen
Beschichtung versehen... Achtung: spitz!

Der vollständige Titel dieses Objekts lautet daher auch
Do not touch my mikado.

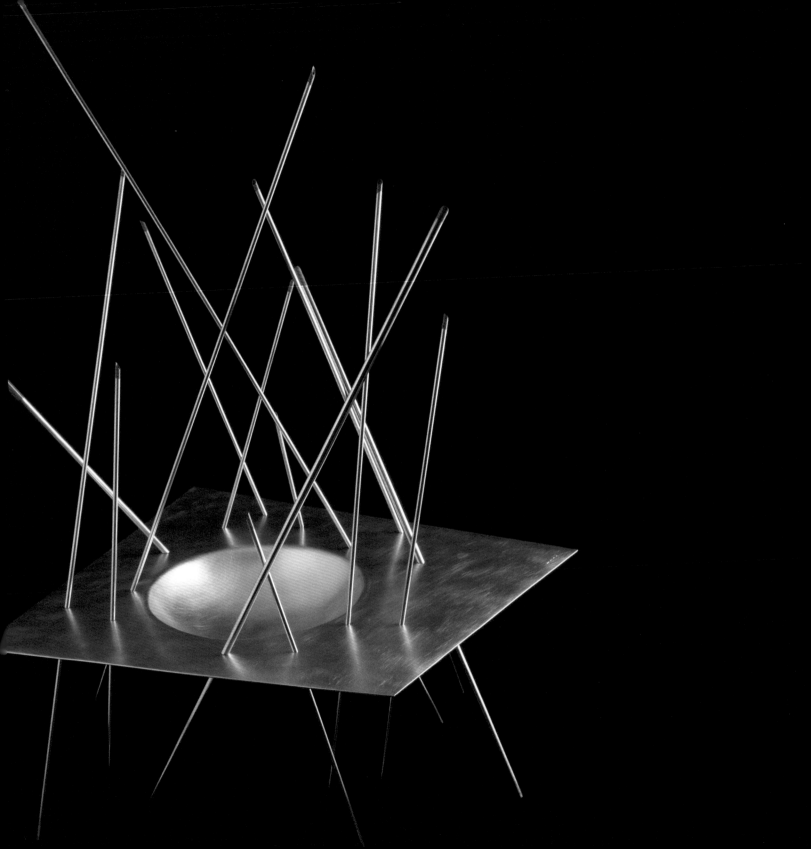

Explosive...

A unique piece made of silver 925‰. This bowl shows us the limits of this precious material. By hammering the silver, it hardens... In this bowl we tried to control the tension in the material. At some point, it becomes so hard that it cracks. Exactly at that point we have to guide this tension and make the cracks follow the hand of the craftsman.

The bowl is finished by brushing and being sandblasted. Only the rim of the bowl is delicately polished.

Handle with care!

Explosive...

Een uniek werk vervaardigd uit zilver 925‰. Deze
schaal leert ons de limieten van het edele materiaal
kennen. Door het zilver te hameren, wordt het steeds
harder... In deze schaal probeerden we de spanningen
die bij het hameren optreden te controleren.
Op het punt waar het zilver scheurt door de spanning,
komt de hand van de kunstenaar tevoorschijn om de
scheuren de hand van de meester te laten volgen.

Deze schaal werd geschuurd en daarna gezandstraald.
Alleen de rand van de schaal werd heel subtiel
gepolijst.

Behandel haar met zorg.

Explosive...

Une œuvre unique réalisée en argent 925‰. Cette
coupe nous confronte aux limites du noble matériau.
En martelant l'argent, on ne cesse de le durcir...
Dans cette coupe, nous avons tenté de contrôler les
tensions produites par le martelage.
À l'endroit où l'argent se fissure sous l'effet de la
tension, la main de l'artiste fait son apparition pour
imposer aux fissures la volonté du maître.

Ce plat a été poncé avant d'être sablé. Seul le bord du
plat a été poli très subtilement.

Manipulez-le avec soin.

Explosive...

Ein einmaliges Werk aus 925‰ Silber. Diese Schale
lässt uns die Grenzen dieses Edelmetalls erahnen.
Durch das Hämmern gewinnt das Silber an Härte... In
dieser Schale finden wir die Spannungen wieder, die
wir beim Hämmern versucht haben zu kontrollieren.
An dem Punkt, an dem das Silber durch die Spannung
reißt, kommt die Hand des Künstlers ins Spiel, um den
Rissen die Hand des Meisters folgen zu lassen.

Diese Schale wurde geschliffen und anschließend
gesandstrahlt. Lediglich der Rand der Schale wurde
ganz fein poliert.

Behandele sie gut.

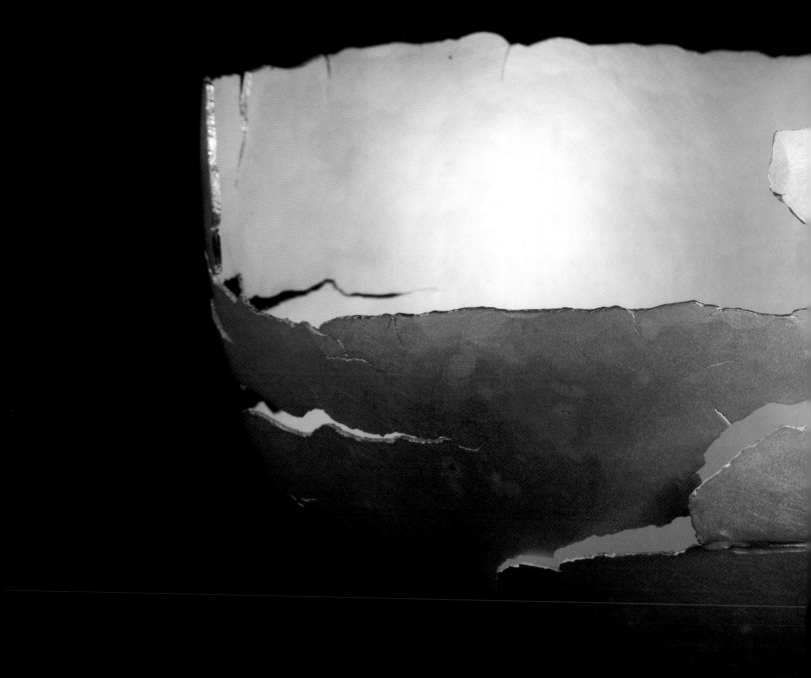

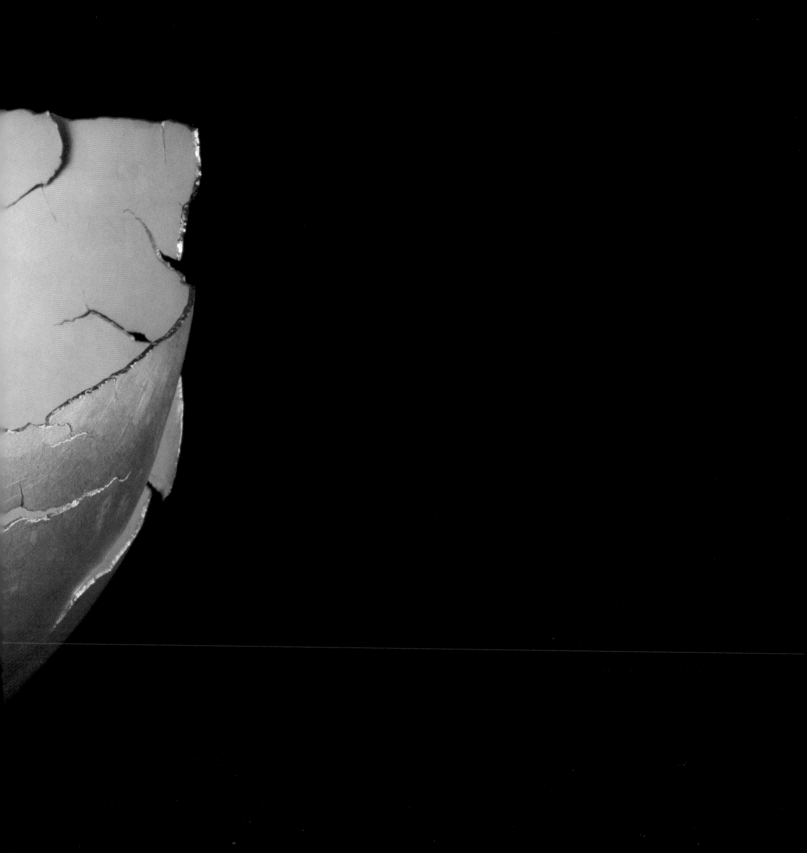

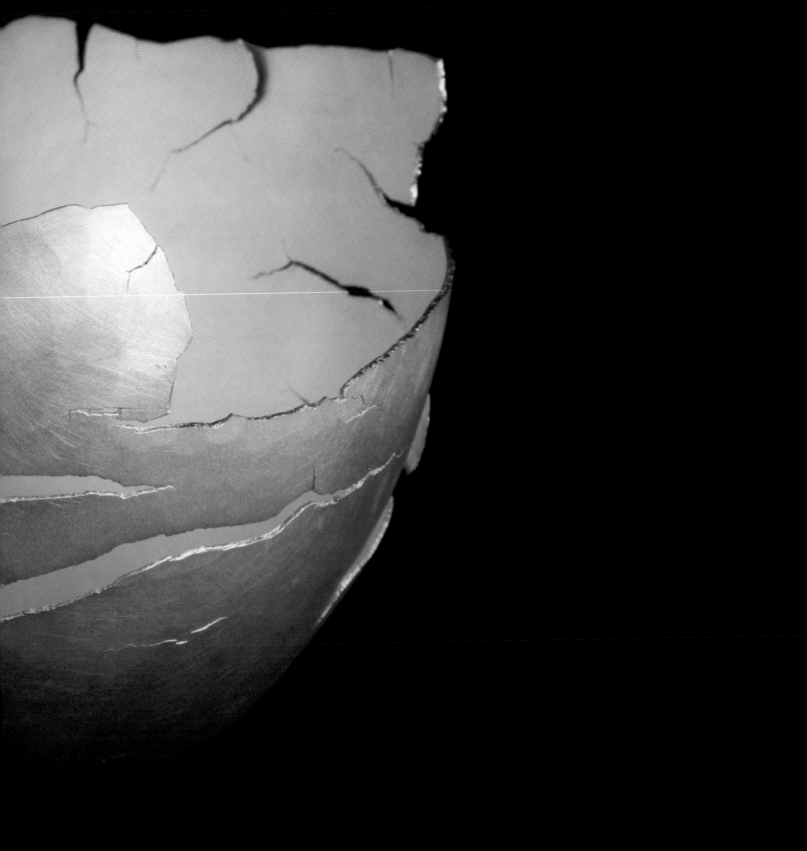

Layered bowl

A unique piece made of silver 925‰. Two bowls that
interconnect in a way, with a little humorous piece at
the bottom. A delicate bowl with a polished outside
surface and a brushed and whitened inside.

This bowl does not have a definite function, but it
could be a showcase for a precious 'pralinee'...
Imagine that you fill it with words for your beloved...
this bowl will cherish them with pride.

The little spherical part at the bottom of the object is
perforated in a way that you can look into it, but you
will never reach the inside of it!

Layered bowl

Een uniek object uitgevoerd in zilver 925‰. Twee
onderling verbonden schalen, met een humoristisch
onderdeel onderaan het object.
Een delicate (dubbele) schaal met een hoogglans
gepolijste buitenzijde en een subtiel geborstelde en
wit gepatineerde binnenzijde.

Deze schaal heeft niet direct een functie, maar het
zou een prima etagère voor bonbons kunnen zijn.
Maar stel je voor dat je deze schaal vult met woorden
voor je geliefde... dit object zal ze met trots dragen.

De kleine bolvorm aan de onderzijde van de schaal is
zo geperforeerd dat je naar binnen kunt kijken, maar
ze blijft onbereikbaar.

Layered bowl

Un objet unique réalisé en argent 925‰. Deux
coupes reliées entre elles, avec un élément
humoristique à la base de l'objet.
Un plat (double) délicat avec un extérieur poli brillant
et un intérieur subtilement brossé et patiné en blanc.

Ce plat n'a pas de véritable fonction mais conviendrait
bien pour y exposer des pralines.
On pourrait aussi imaginer le remplir de mots doux
pour son/sa bien-aimé(e)... Soyez certain que cet
objet les portera avec fierté.

La petite forme ronde sur la face inférieure du plat a
été perforée de manière à ce que l'on puisse regarder
à l'intérieur, mais elle reste inaccessible.

Layered bowl

Ein einmaliges Objekt aus 925‰ Silber. Zwei
miteinander verbundene Schalen, mit einem
humoristischen Element unterhalb des Objekts.
Eine anspruchsvolle (doppelte) Schale mit
hochglanzpolierter Außenseite und subtil gebürsteter,
weiß patinierter Innenseite.

Diese Schale hat keine direkte Funktion, aber
sie eignet sich hervorragend, um Pralinen darauf
anzuordnen.
Man könnte sich auch vorstellen diese Schale mit
liebevollen Worten für seinen Schatz zu füllen... Seien
Sie sich gewiss, dass dieses Objekt diese mit Stolz
tragen wird!

Die kleine Kugelform an der Unterseite der Schale ist
so perforiert, dass man nach innen blicken kann, aber
sie bleibt dennoch unerreichbar.

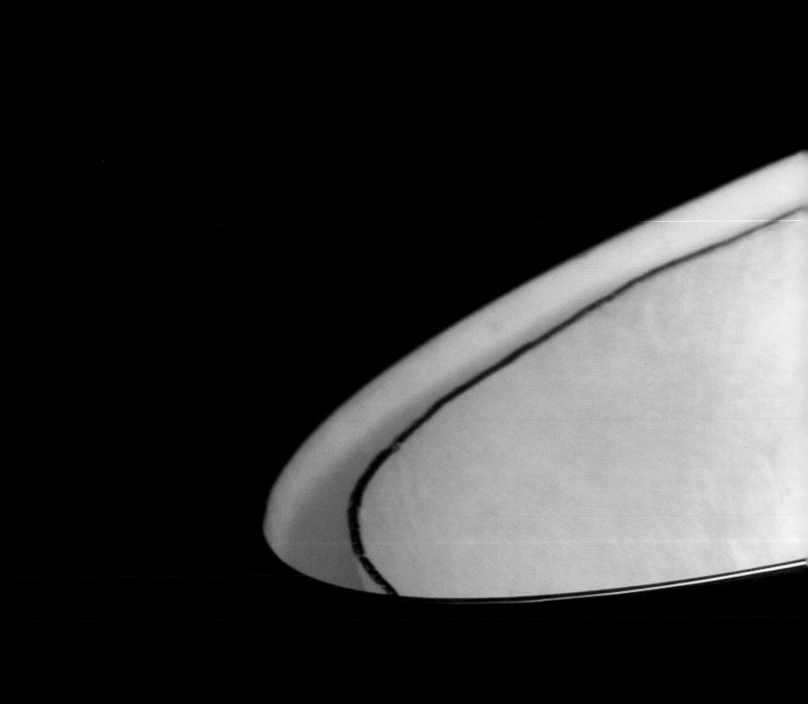

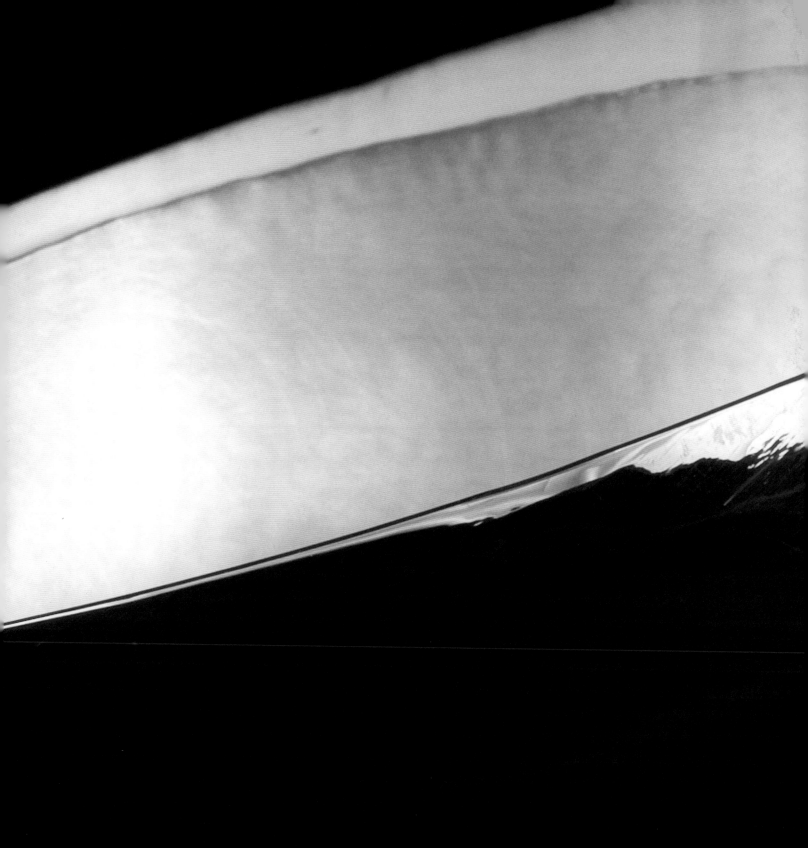

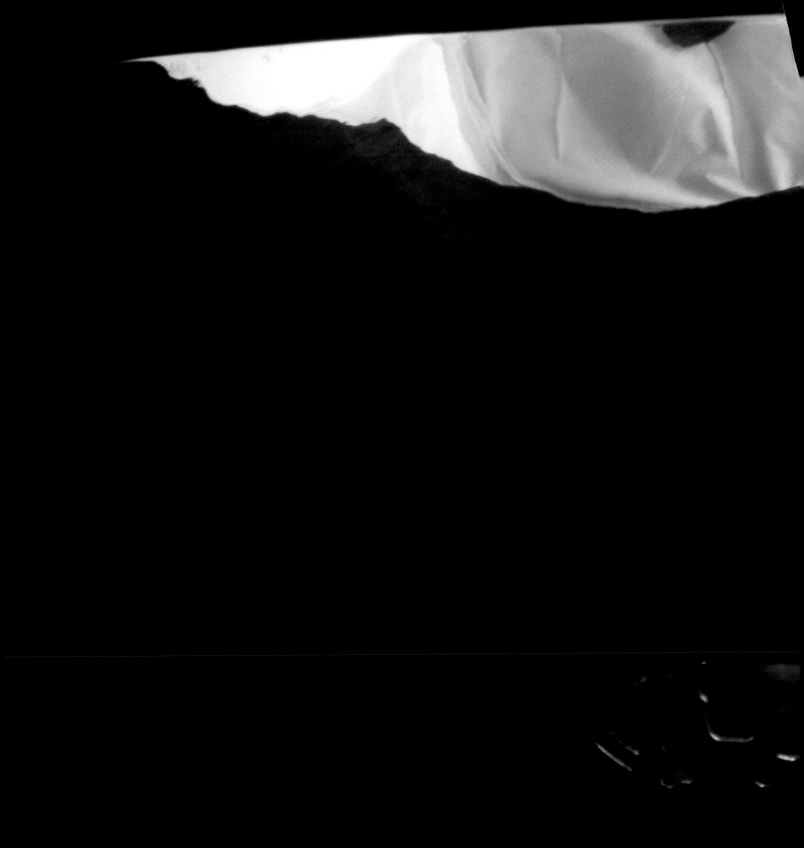

Poêm bowls

A little collection of handcrafted bowls, some in silver
925‰ and others in fine silver 999‰.
The bowls come in various sizes and heights, with a
diameter of up to 50 cm and a maximum height of 40 cm.

Hammering these bowls, starting from a flat sheet of
silver, takes many hours of hard work. After every round
of hammering we need to anneal the object to make sure
the silver will soften again.

After the bowl has taken its shape, we manually saw out
a text in the rim of the bowl. Sometimes we use very
old texts, sometimes we get inspired by today's events.
The last step in the process is to give this object a hand
brushed texture in curved patterns.

Poêm-bowls... poetry in silver.

Poêm bowls

Een kleine serie volledig handgedreven schalen, sommige
in zilver 925‰ en andere in fijn zilver 999‰.
De schalen worden vervaardigd in verschillende diameters
(tot 50 cm) en hoogten (max. 40 cm).

Het drijven van deze schalen vanuit een platte ronde plaat
zilver vraagt zeer veel uren hard werk. Na het drijven van
elke ronde, dient het zilver gegloeid te worden, om het
opnieuw zacht en plooibaar te maken.

Nadat de schaal haar uiteindelijke vorm heeft bereikt,
zagen wij handmatig teksten uit in de rand van de schaal.
Soms zijn het oude teksten of gedichten, soms worden we
geïnspireerd door de gebeurtenissen van de dag.
De laatste stap in het ontstaansproces is het handmatig
schuren in heel delicate gebogen patronen.

Poêm bowls... poëzie in zilver.

Poêm bowls

Une petite série de coupes bosselées à la main, certaines
en argent 925‰ et d'autres en argent fin 999‰.
Ces coupes sont réalisées en différents diamètres et en
différentes hauteurs. Le diamètre peut atteindre 50 cm,
la hauteur de certaines coupes est de 40 cm.

Le bosselage de ces coupes à partir d'une plaque d'argent
ronde plate exige de très nombreuses heures de travail
intense. Après chaque phase de bosselage, l'argent doit
être chauffé pour retrouver sa douceur et sa souplesse.

Lorsque la coupe a atteint sa forme finale, nous gravons
des textes à la main sur le bord. Il s'agit parfois d'anciens
textes ou de poèmes, mais nous nous inspirons parfois
aussi d'événements d'aujourd'hui.
La dernière étape dans le processus de création est le
ponçage à la main en courbes très délicates.

Poêm bowls... de la poésie en argent.

Poêm bowls

Eine kleine Serie vollständig handgetriebene Schalen, manche aus 925‰ Silber, andere aus 999‰ Feinsilber. Diese Schalen wurden in verschiedenen Durchmessern und Höhen gefertigt. Der Durchmesser beträgt bis zu 50 cm und die Höhe einiger Schalen liegt bei 40 cm.

Die Treibarbeit dieser Schalen, ausgehend von einer flachen, runden Silberplatte, bedeutet viele, sehr viele Stunden harte Arbeit. Nach jeder Etappe Treibarbeit muss das Silber weichgeglüht werden, um es wieder weich und verformbar zu machen.

Nachdem die Schale ihre endgültige Form erhalten hat, gravieren wir von Hand Texte in den Rand der Schale. Manchmal sind es alte Texte oder Gedichte, manchmal lassen wir uns durch Aktuelles inspirieren.
Der letzte Schritt im Entstehungsprozess ist das Schleifen feinster Muster von Hand.

Poêm bowls... Poesie in Silber.

the ocean and river. Does not need an animal

Love is like art. Unkn

...ale and sailing the ocean and river. Der det neret an annal

...it is like art. Unknown not understood. it...

Love is like art. Unknown not understood, it's

an empty ship   Going every place

Nest bowl

Inspiration for this object was found upon the sight of
the Olympic Stadium in Beijing. We wanted to design
an open structure fruit bowl for some time and it
seemed that now the time had come.
From a 2 millimeter thick plate of silver 925‰,
we cut a number of corrugated strips, which were
then driven in a way that there was tension in the
convex shapes.
After this process, the components were cut, nested
and soldered to a whole, as a bird's nest that can
carry the precious cargo of the fruit.
The inside of this construction was then covered
with a black patina, the outside was filed in a very
precise way so that the filed areas became part of the
decoration.

The full name of this unique object is: *come to
my nest*.

Nest bowl

De inspiratie voor dit object deden we op bij het zien
van het Olympisch Stadion in Beijing. We wilden al
langer een open fruitschaal ontwerpen en nu was de
tijd gekomen.
Uit een 2 millimeter dikke plaat zilver 925‰ zaagden
we een aantal gegolfde stroken, die aansluitend
werden gedreven op een wijze dat er spanning
ontstond in de bolle vormen. Daarna werden de
onderdelen zodanig in elkaar passend gezaagd en
gesoldeerd dat het geheel als een vogelnest de
kostbare lading van het fruit kan dragen.
De binnenzijde van deze constructie werd zwart
gepatineerd, de buitenzijde werd op een heel precieze
manier zodanig gevijld dat de vijlstreken onderdeel
van de decoratie werden.

De volledige naam van dit unieke object luidt: *come to
my nest*.

Nest bowl

Cet objet nous a été inspiré par la vue du stade
olympique à Beijing.
Nous souhaitions depuis longtemps concevoir une
coupe à fruits... le moment était venu. A partir d'une
plaque d'argent 925‰ de 2 millimètres d'épaisseur,
nous avons scié plusieurs bandes ondulantes, qui ont
été bosselées de manière à créer une tension dans les
formes rondes. Les différentes parties ont ensuite été
soudées en une sorte de nid pour accueillir le précieux
chargement de fruits.
L'intérieur de cette construction a été patiné en noir;
l'extérieur de l'objet a été limé avec beaucoup de
précision, les traits de lime devenant élément de
décoration.
L'intitulé complet de cet objet unique est: *come to
my nest*.

Nest bowl

Die Inspiration zu diesem Objekt bekamen wir beim
Anblick des olympischen Stadions in Beijing.
Seit längerem wollten wir eine offene Fruchtschale
entwerfen und jetzt war die Zeit dazu gekommen.
Aus einer 2 Millimeter dicken Silberplatte 925‰
haben wir einige gewellte Streifen gesägt, die
anschließend so getrieben wurden, dass Spannung
in den runden Formen entstand. Anschließend
wurden die verschiedenen Teile passend gesägt und
verschweißt, damit das Ganze, wie ein Vogelnest,
die kostbaren Früchte tragen kann.
Die Innenseite dieser Konstruktion wurde schwarz
patiniert und die Außenseite des Objekts wurde auf
eine ganz besondere Art gefeilt, damit die Feilspuren
Teil der Dekoration ausmachen.
Der vollständige Name dieses einmaligen Objekts
lautet: *come to my nest*.

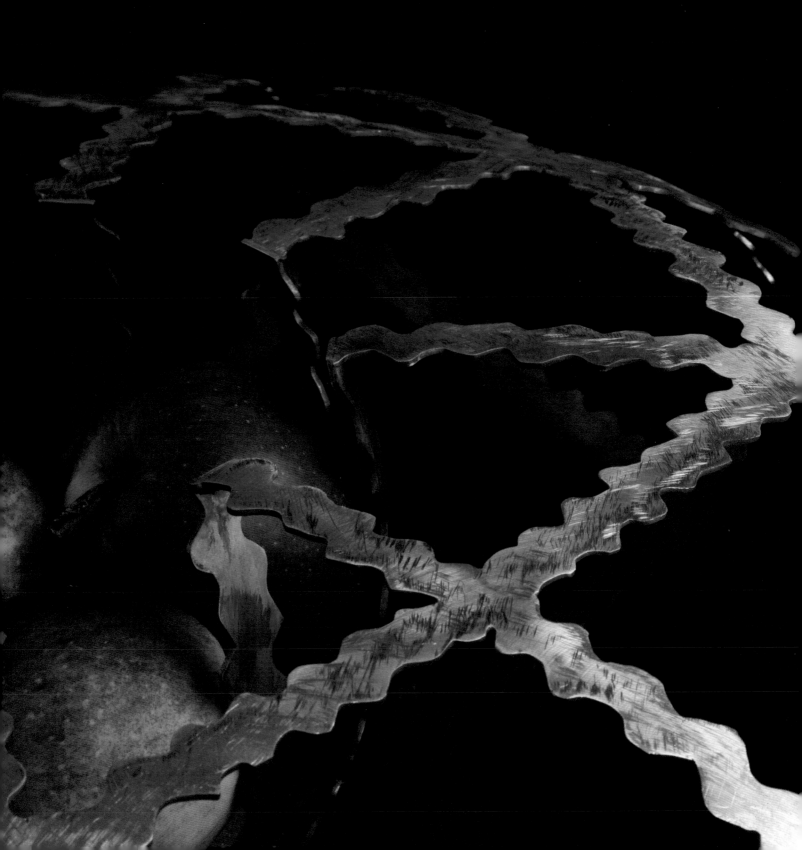

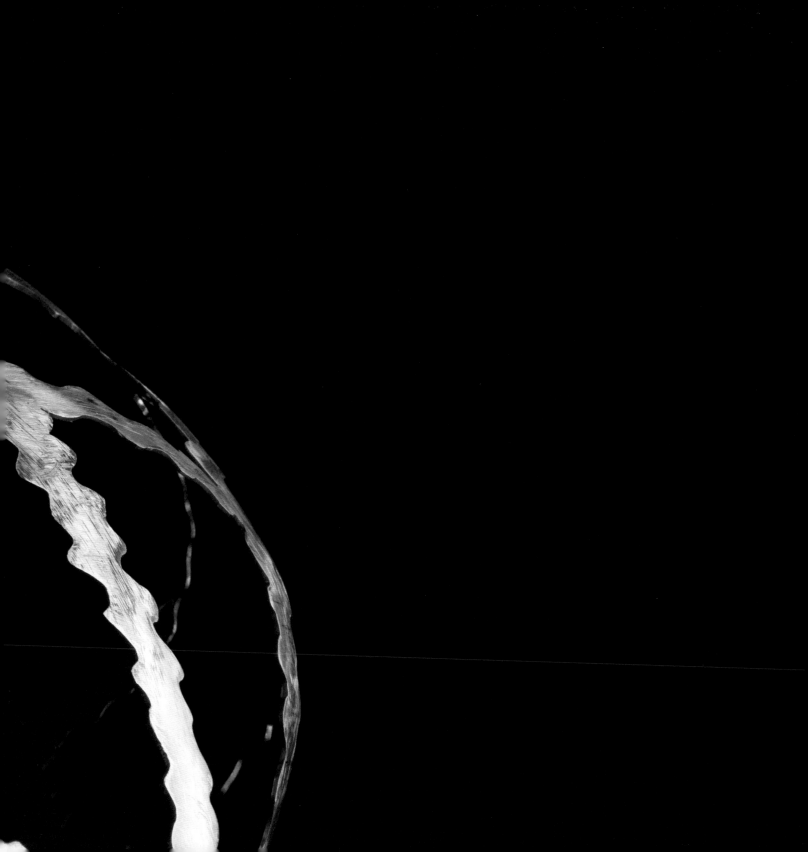

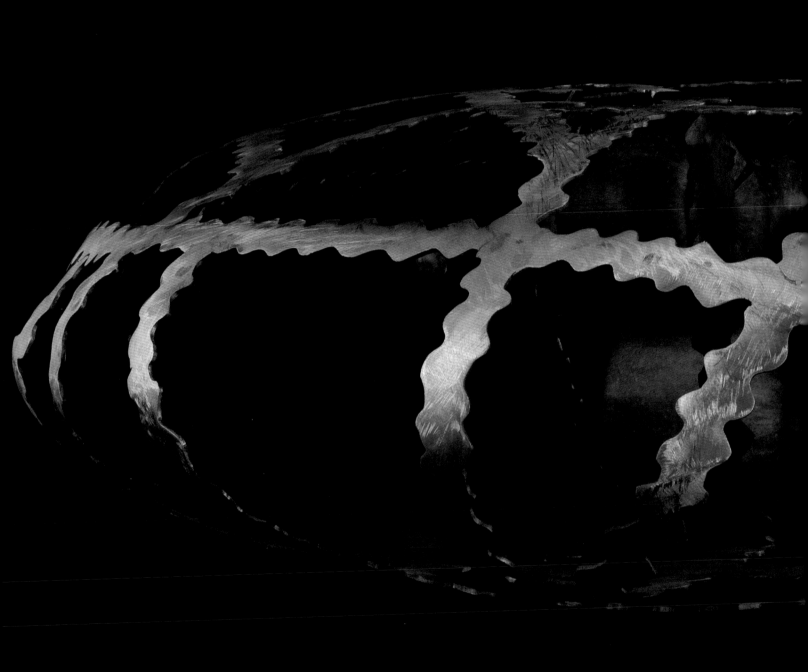

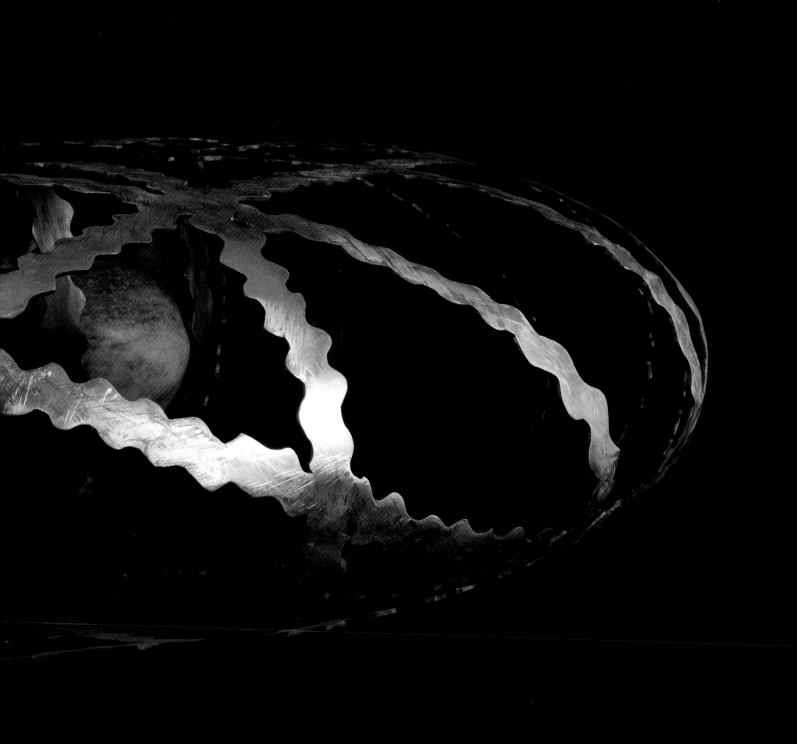

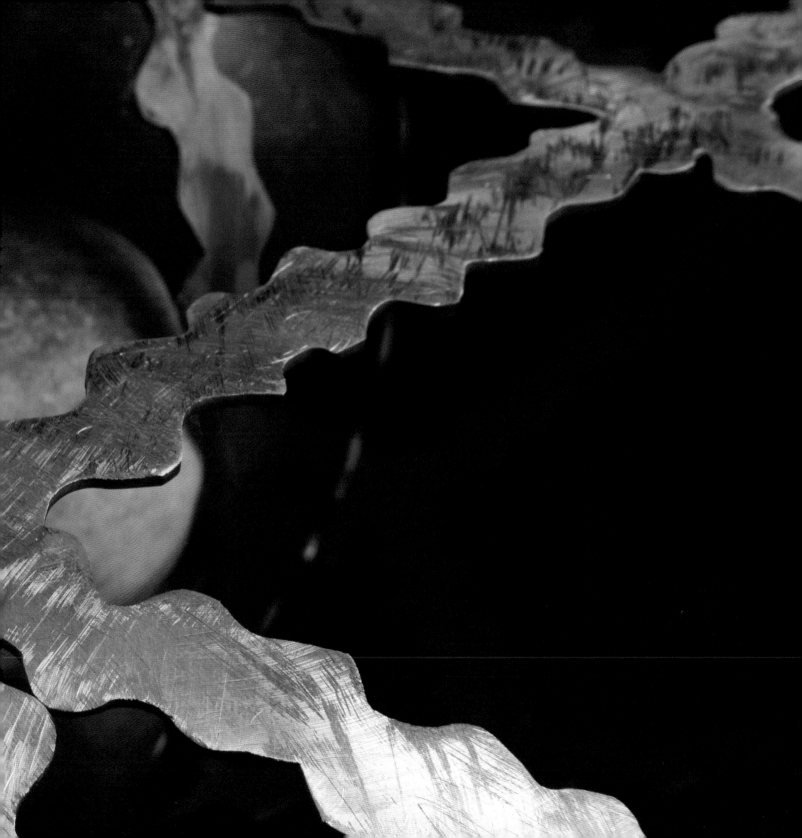

Teatowers

After discovering the Oriental tea ceremony and tasting the special green and white teas, we thought of giving tea a new impulse in our culture and breaking free from the fermented black teas.

For this reason we wanted to develop a very special tea set to enjoy tea amongst family or friends. Taking time for each other in this frantic world, while having tea in its pure form using a tea set that fits in with old traditions, but also finds a place in our century.

Teatowers is our first prototype of a set of silver objects that will make a contemporary tea ceremony possible. Currently we are further developing form and function of these objects, but our senses of tasting and seeing are also holding a prominent place.

Teatowers: a separate chapter, to be continued and to be followed.

Teatowers

Na het ontdekken van de Oriëntaalse theeceremonie
en het proeven van de bijzondere groene en witte
theesoorten, ontstond het idee om thee in onze cultuur
een nieuwe impuls te geven en los te komen van de
gefermenteerde zwarte theesoorten.

We wilden hiervoor een object ontwikkelen waarbij we
thee kunnen genieten met familie of vrienden. Tijd nemen
en hebben voor elkaar, genietend van thee in zijn pure
vorm, met een theeset die aansluit bij oude tradities,
maar tevens een plek heeft in onze eenentwintigste eeuw.

Teatowers is ons eerste prototype van een set zilveren
objecten die de 'moderne theeceremonie' mogelijk maakt.
Op dit moment ontwikkelen wij verder vorm en functie,
maar ook onze zintuigen voor het waarnemen en proeven
staan op de voorgrond.

Teatowers: een hoofdstuk apart, om te vervolgen en
te volgen.

Teatowers

Après la découverte de la cérémonie orientale du thé
et la dégustation des variétés de thés verts et blancs
extraordinaires, l'idée nous est venue de donner au
thé dans notre culture un nouvel élan. Se détacher des
variétés de thé noir fermenté.

Développer à cet effet un objet permettant de déguster
du thé en famille ou avec des amis. Prendre et avoir
du temps les uns pour les autres, savourer du thé sous
sa forme pure, utiliser un service à thé qui adhère aux
traditions anciennes tout en se forgeant une place dans
notre vingt-et-unième siècle.

Teatowers est notre premier prototype d'une série
d'objets en argent qui invitent à la 'cérémonie du thé
moderne'. En ce moment, nous continuons à développer
forme et fonction, mais aussi nos sens où l'observation et
le goût sont prioritaires.

Teatowers, un chapitre à part, à suivre et à poursuivre.

Teatowers

Nach dem Entdecken der orientalischen Teezeremonie und der Verkostung von den besonderen Grün- und Weißtee-Sorten, entstand die Idee, dem Tee in unserer Kultur einen neuen Impuls zu verleihen. Die Loslösung vom fermentierten Schwarztee.

Daher die Entwicklung eines Objekts, um in der Familie oder mit Freunden Tee zu genießen. Sich Zeit füreinander nehmen und Zeit füreinander haben beim Teegenuss in seiner reinsten Form, mit einem Tee-Set, das an die alten Traditionen anknüpft, aber dennoch einen Platz in unserem einundzwanzigsten Jahrhundert hat.

Teatowers ist unser erster Prototyp aus einem Set von Silbergegenständen, die die 'moderne Teezeremonie' ermöglichen. Gegenwärtig stecken wir in der Weiterentwicklung von Form und Funktion, wobei aber auch unsere Sinne für Wahrnehmung und Geschmack im Vordergrund stehen.

Teatowers, ein Kapitel für sich, mit Fortsetzung und um fortzusetzen!

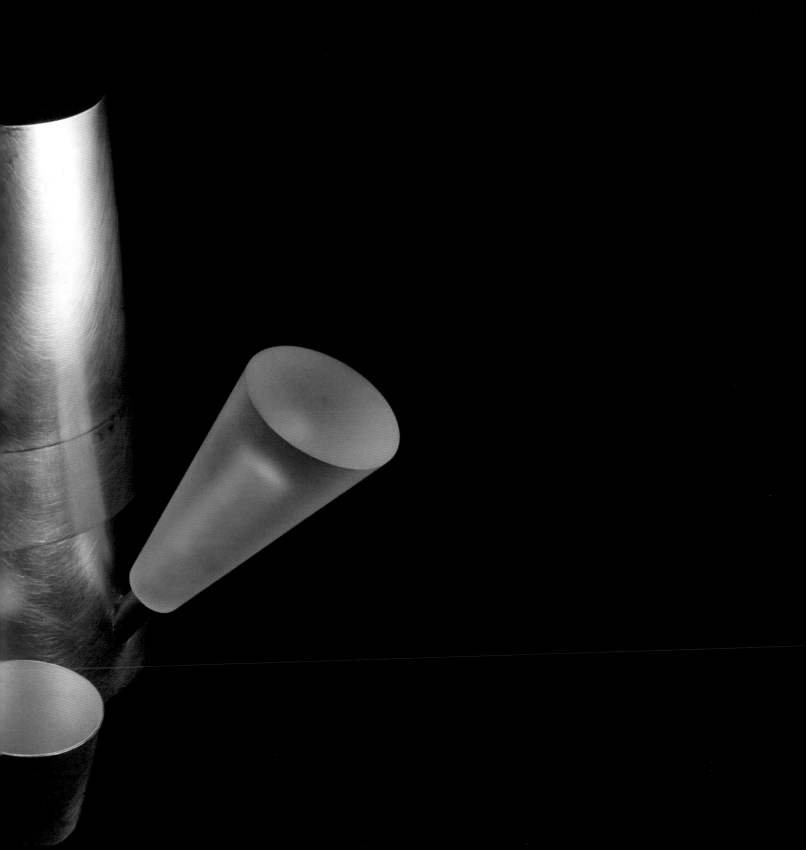

Freule

Some designs and objects are named automatically.
Others are explicitly named, modelling themselves on
that name. *Freule* (Mistress) is an example of an object
carrying its name within it. A very pedantic coffee pot...
rather an espresso pot.
Make your coffee as it was meant to be. Ground coffee
and hot water... that's all that's required! Wait a while
and then pour the coffee into a tiny conical cup. No sugar.
Because of its conical shape, you cannot stir, so you will
enjoy coffee in its purest form.
As simple as ultimate enjoyment can be.

Freule was made in a limited and numbered edition.
Upon request, the outer insulating shell can be made
of a red transparant PMMA, corian in various colors or
wood in its most classical form. Or how about felt, tightly
compressed and mixed with resin...

Freule

Er zijn ontwerpen en objecten, die als het ware vanzelf
een naam krijgen. Andere objecten krijgen een naam en
het lijkt dan of ze zich naar die naam gaan gedragen.
Freule is zo'n object dat de naam al in zich draagt. Een
heel pedant koffiepotje... meer nog, een espressopotje.
Hierin maak je koffie zoals het ooit bedoeld is. Gemalen
koffie en heet water... *that's it*.
Wacht een poosje en giet de koffie dan in een minuscuul
conisch kopje. Eigenlijk kan er geen suiker bij: vanwege
de conische vorm kan je niet roeren en ben je verplicht de
koffie in zijn meest pure vorm te drinken.
Zo simpel kan ultiem genieten zijn.

Freule werd gemaakt in een kleine, genummerde oplage.
De buitenmantel kan op verzoek worden gemaakt van
rode kunststof, Corian in diverse kleuren, of hout in z'n
meest klassieke vorm. Of wat dacht u van vilt. Heel dicht
geperst vilt, verbonden met een hars...

Freule (demoiselle)

Il est des projets et des objets qui héritent d'un nom
comme une évidence. D'autres objets reçoivent un nom et
se mettent, dirait-on, à se comporter en fonction de
ce nom.
Freule est un de ces objets qui porte déjà un nom en
soi. Une cafetière très pédante... disons plutôt une petite
cafetière à espresso. Pour y faire du café comme d'antan.
Du café moulu et de l'eau bouillante... et le tour est joué.
Attendez un moment et versez-le dans une tasse conique
minuscule. Impossible d'y mettre un sucre, à fortiori
de le remuer en raison de la forme conique; vous êtes
condamné à déguster le café sous sa forme la plus pure.
C'est tellement simple finalement de se faire plaisir.

Nous avons réalisé *Freule* dans un petit tirage numéroté.
L'extérieur peut être réalisé sur demande en matière
synthétique rouge, en Corian de diverses couleurs, mais
aussi en bois dans sa forme la plus classique. A moins que
vous ne préfériez le feutre. Du feutre dont les fibres très
serrées ont été imprégnées de résine...

Freule (Edelfräulein)

Manche Projekte und Objekte sind für einen Namen
wie geschaffen, andere erhalten einen Namen und man
könnte beinahe behaupten, sie verhalten sich ihrem
Namen entsprechend.
Freule ist so ein Objekt, das den Namen in sich trägt. Eine
äußerst pedantische Kaffeekanne... oder besser gesagt
eine kleine Espressokanne.
Mit ihr kann man nach der klassischen Methode Kaffee
brühen. Gemahlener Kaffee und heißes Wasser... that's it.
Abwarten und dann in eine kleine konische Kaffeetasse
gießen. Eigentlich kann kein Zucker rein, aufgrund der
konischen Form, da man diesen nicht verrühren kann,
und daher dazu verurteilt ist, den Kaffee in seiner reinsten
Form zu genießen. So einfach kann ultimativer Genuss
sein.

Freule wurde in einer kleinen nummerierten Auflage
gefertigt. Die Außenseite kann auf Anfrage aus rotem
Kunststoff gefertigt werden, aus Corian in diversen
Farben, aber auch in seiner klassischsten Form aus Holz.
Es sei denn Sie bevorzugen Filz. Sehr fester Filz, mit Harz
imprägniert...

146

Museum for a flower

This piece was created for the 2009 Schoonhoven Silver Award. Within the theme of 'poetry in silver', we tried to give shape to the vase, an object that shows us the 'murdered flower', robbed of its roots and meant to please us for a very short time...

For this disappearing flower we created our museum. An object with a defined inside and outside view, made of silver U-shaped profiles and covered with very thin square 'leaves' of silver. These leaves are kept in place with golden pins.
At the bottom of the piece we 'squeezed' a polished half bowl, meant to contain water for the temporary stay of the flowers...

Dit object werd door ons gecreeerd ter gelegenheid van de 2009 Schoonhoven Silver Award. Binnen het thema 'poëzie in zilver' namen we het vraagstuk van de bloemenvaas onder de loep. Het object dat de 'vermoorde bloem' laat zien, ontdaan van zijn wortels, om ons korte tijd te plezieren...

Voor de verdwijnende bloem hebben wij ons museum opgericht. Een object met een binnen en een buiten, geconstrueerd met zwart gepatineerde zilveren u-profielen en bekleed met dunne geborstelde zilveren platen die op hun plaats worden gehouden met gouden bevestigingen.
Een weinig geklemd onderaan het object werd een gepolijste halve bol geplaatst, waarin water het verblijf van de bloem kan ondersteunen

Museum voor één bloem
(Musée pour une fleur)

Nous avons créé cet objet à l'occasion du 2009
Schoonhoven Silver Award. Au sein du thème 'la poésie
en argent', nous avons étudié le concept du vase de
fleurs. Cet objet qui met en valeur la 'fleur assassinée',
débarrassée de ses racines pour notre ravissement
éphémère...

Pour cette fleur en danger de disparition, nous avons
créé notre musée. Un objet avec un intérieur et un
extérieur, construit au moyen de profils en U en argent
patiné de couleur noire et recouvert de fines feuilles
d'argent brossé maintenues en place par des fixations
en or.
Dans une demi-boule lovée au cœur de l'objet, de l'eau
peut soutenir le séjour de la fleur.

Museum voor één bloem
(Museum für eine Blume)

Dieses Objekt haben wir anlässlich des 2009
Schoonhoven Silver Award geschaffen. Im Rahmen
des Themas 'Poesie in Silber' haben wir die Aufgabe
der Blumenvase unter die Lupe genommen. Der
Gegenstand, der die 'ermordete Blume' vorführt, von
ihren Wurzeln entrissen, für unser kurzes vergängliches
Vergnügen...

Für die vergängliche Blume haben wir unser
Museum geschaffen. Ein Objekt mit einem Innern
und Äußeren, geschaffen aus schwarz patinierten,
silbernen U–Profilen, und bedeckt mit dünnen
gebürsteten Silberplättchen, die ihrerseits mit goldenen
Befestigungen fixiert werden.
Unterhalb des Objekts ist eine polierte Halbkugel
angebracht, in der ein wenig Wasser das Dasein der
Blume unterstützen kann.

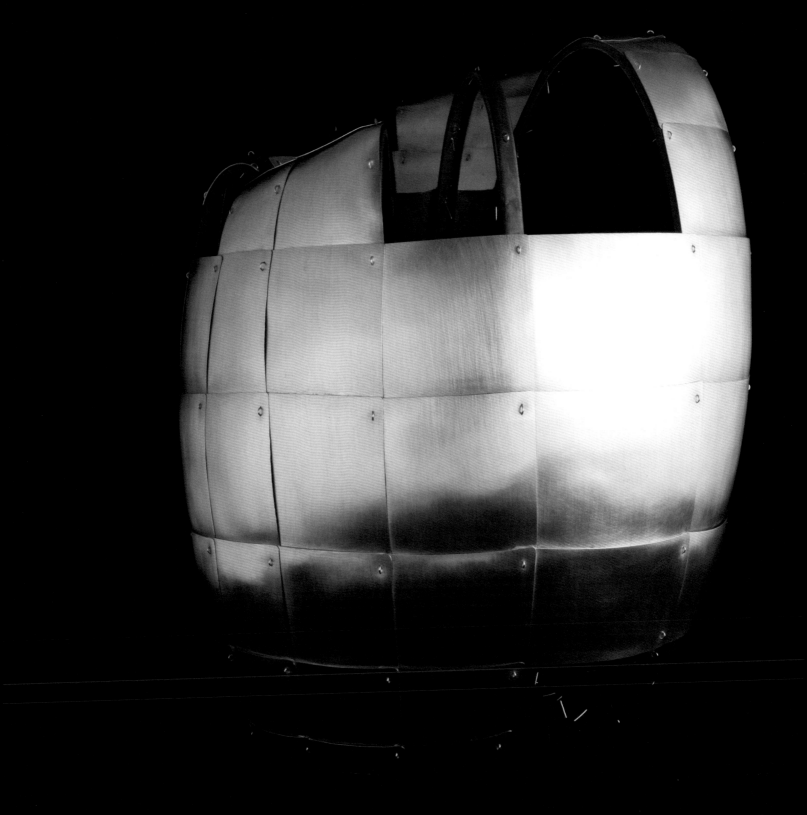

Found in the forest

Sometimes we do not have to look far for inspiration
to hit. A walk in the forest just across the valley at our
workshop created the inspiration from which this shape
was born...

From the very start it was clear that these objects had to
be made from the purest silver available: 999‰...

The forms may be reminiscent of pine cones or acorns,
burst open at the top. The 'skin' of these objects was
marked by the pressing of the hammer blows. Spiral-
shaped lines precisely rising from the bottom.
This very bottom makes the object free from the idea of
an imitation of an *objet trouvé* (a found item)... From that
flat bottom the circular shape arises.

Found in the forest, unique pieces, sometimes finished
with a 'skin' of hammer blows, sometimes delicately
sand-blasted.

Found in the forest

Soms hoeven we niet ver te zoeken om geïnspireerd te raken. Een wandeling in het bos aan de overkant van het dal bij ons atelier veroorzaakte een impuls van waaruit deze vorm ontstond...

Van meet af aan was het ook duidelijk dat deze objecten moesten worden gemaakt uit het meest pure zilver dat er is, 999‰...

Vormen die wellicht doen denken aan dennenappels of eikels, aan de bovenzijde als het ware opengebarsten.
De 'huid' van deze objecten werd gemarkeerd door de indrukken van de hamerslagen. Heel precies in spiraalvormige lijnen oplopend vanuit de bodem.
En net die bodem maakt het object los van het idee van een nabootsing van een *objet trouvé*..
Vanuit die vlakke cirkelvormige bodem ontstaat de vorm.

Found in the forest, een aantal unicaten die soms worden afgewerkt met een 'huid' van glanzende hamerslagen en daarna soms heel delicaat worden gezandstraald.

Found in the forest

Parfois, nous ne devons pas chercher loin pour trouver
l'inspiration. Une balade dans la forêt de l'autre côté de
la vallée, à proximité de notre atelier, a provoqué une
impulsion qui a donné naissance à la forme...
Il s'est avéré d'emblée que ces objets devaient être
réalisés dans l'argent le plus pur qui soit, 999‰...

Des formes qui font peut-être penser à des pommes
de pin ou à des glands, que l'on dirait éclatés quand on
les regarde d'en haut. La 'peau' de ces objets porte les
marques des coups de marteau. De manière très précise,
dans des lignes s'élevant en vrille depuis le fond.
Et c'est justement ce fond qui libère l'objet de l'idée d'une
imitation d'un 'objet trouvé'...
De ce fond circulaire plat nait la forme.

Found in the forest, plusieurs pièces uniques qui sont
parfois parachevées d'une couche de coups de marteau
brillants et parfois sablées ensuite très délicatement.

Found in the forest

Manchmal brauchen wir nicht weit zu gehen, um die nächste Inspirationsquelle aufzutun. Ein Waldspaziergang auf der anderen Seite des Tals in der Nähe unseres Ateliers verlieh uns den Impuls, aus dem die Form entstand...
Gleich zu Beginn war klar, dass diese Objekte aus dem reinsten Silber überhaupt hergestellt werden mussten, dem 999‰ Silber...
Formen, die vielleicht an Tannenzapfen oder Eicheln denken lassen, und die von oben betrachtet wie aufgeplatzt aussehen. Die Außenschicht dieser Objekte trägt die markanten Spuren der Hammerschläge. Ganz fein in spiralförmigen Linien, vom Boden ausgehend.
Und genau dieser Boden befreit das Objekt von der Idee einer Nachbildung von 'Fundsachen'...
Von diesem flachen kreisförmigen Boden aus entsteht die Form.

Found in the forest, einige Unikate, die manchmal vollendet werden mit einer Schicht von glänzenden Hammerschlägen und manchmal im Anschluss daran, ganz fein gesandstrahlt werden.

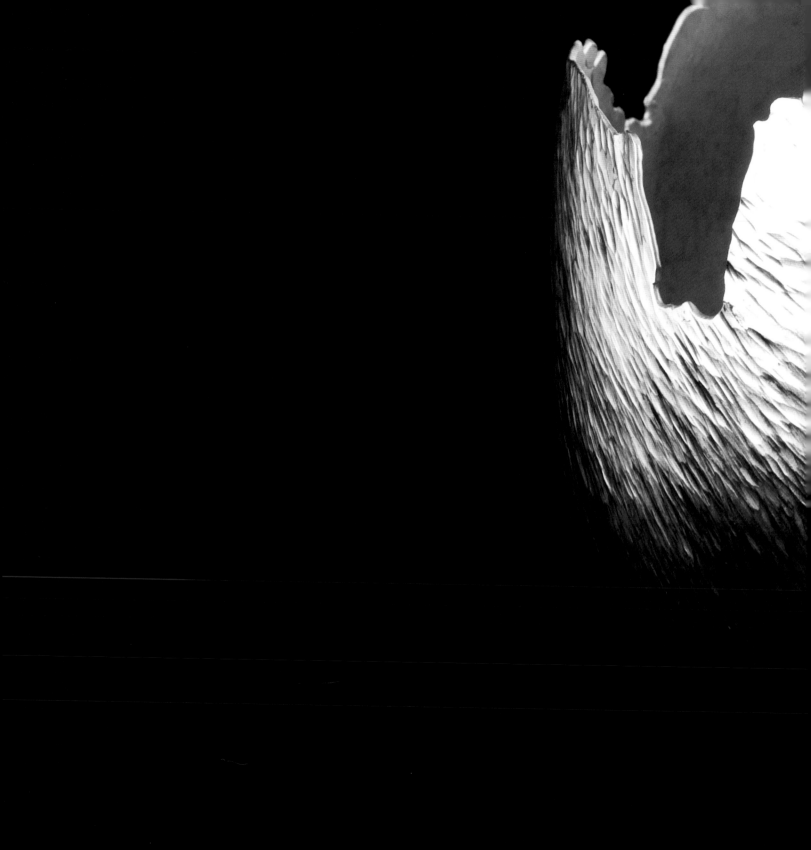

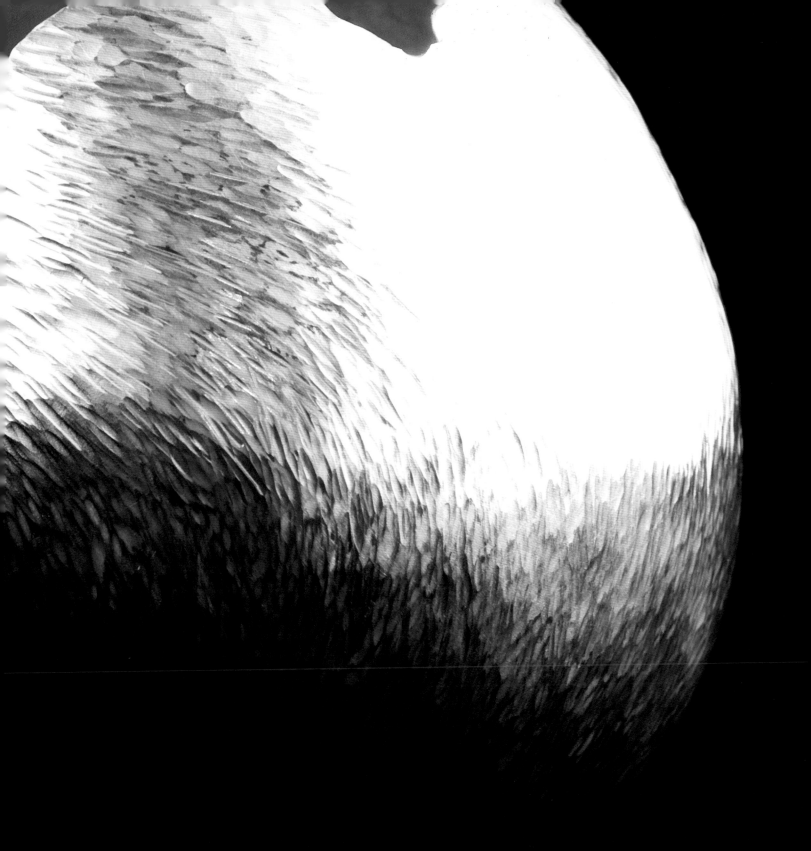

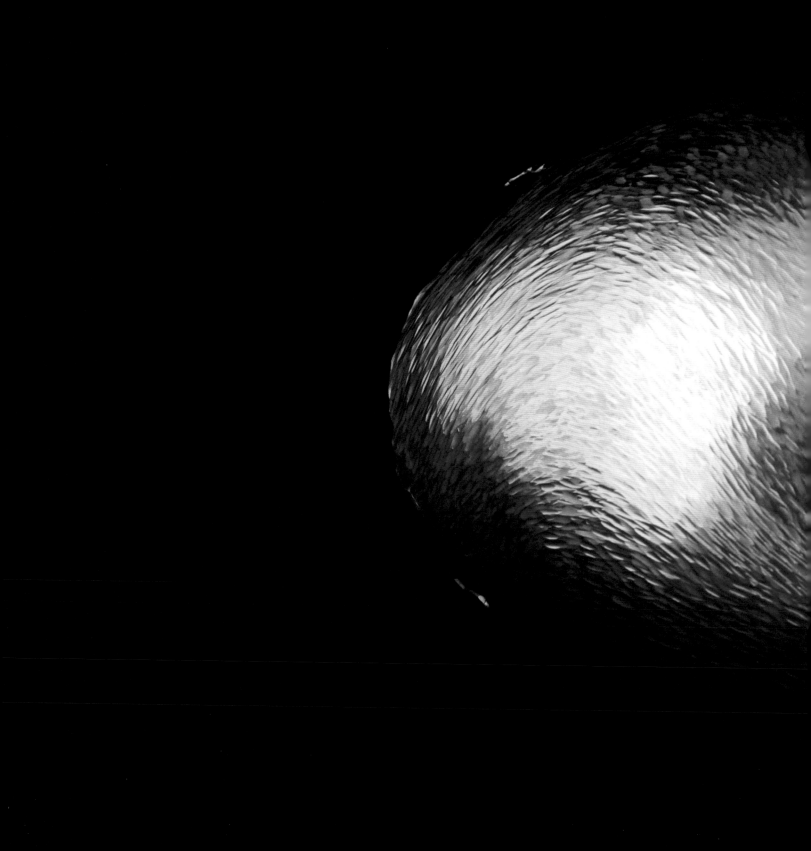

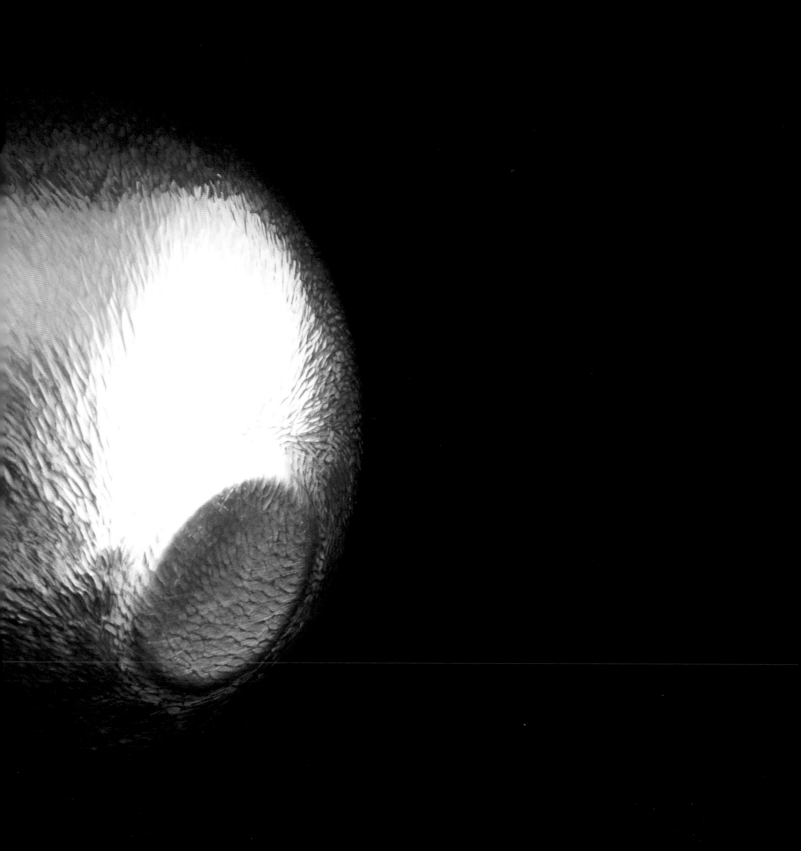

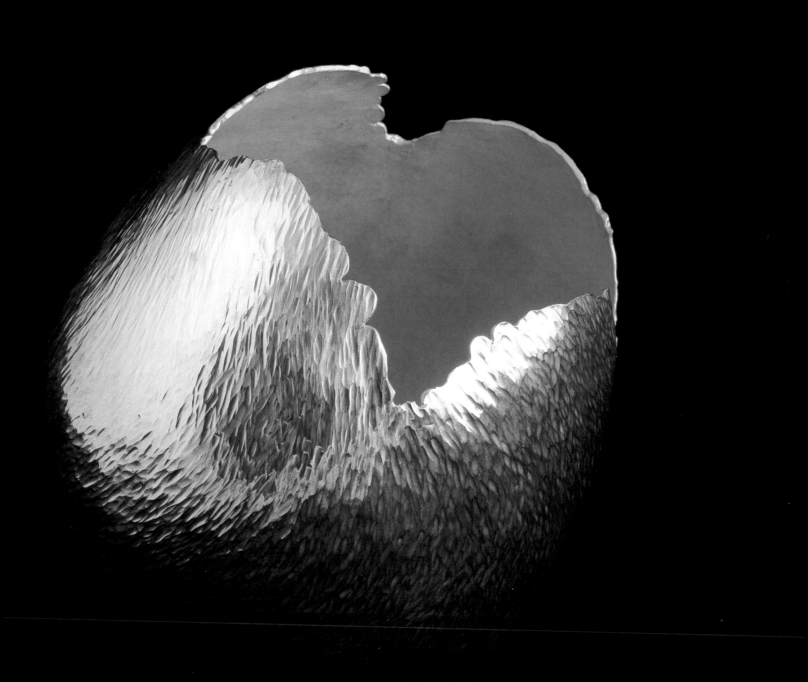

Follow 001

Our silver objects in the *follow* series take their name
from the method in which we follow the movements of
the silver in forging it.

Each plate starts from a rectangular, oval or round
sheet of fine silver 999‰ of 1 mm thickness.
A process involving tens of thousands of minute
hammer beats slowly and gradually shapes the bowl.
In order to fully show the exceptional quality of the
fine silver, we leave the hammer marks visible and
tangible.
In the next step we brush the surface gently and
lightly with glass beads.
In the last part of the operation the upper edge of the
object is slightly melted by means of a TIG welding
torch to create a shiny edge.

Follow 001

Onze objecten in de *follow* serie ontlenen hun naam
aan de werkwijze waarbij we de bewegingen van het
zilver volgen bij het smeden ervan.

Het begin van iedere schaal wordt gevormd door een
rechthoekige, ovale of ronde plaat fijnzilver 999‰
van 1 mm dikte. Een proces waarbij tienduizenden
hamerslagen langzaamaan de vorm van de schaal
vormen.
Om de bijzondere kwaliteit van het fijnzilver ten volle
tot uiting te laten komen, laten we de hamersporen
zichtbaar en tastbaar en wordt het oppervlak
uiteindelijk zachtjes geschuurd en heel licht met
glasparels bewerkt.
Als allerlaatste bewerking wordt de bovenrand van het
object door middel van een TIG lastechniek heel even
'aangesmolten' om een glanzende rand te vormen.

Follow 001

Nos objets dans la série *follow* tirent leur nom de la
méthode qui nous permet de suivre les mouvements
de l'argent lors de son forgeage.

La genèse de n'importe quel plat est formée par une
feuille d'argent fin 999 ‰, rectangulaire, ovale ou
ronde, d'1 mm d'épaisseur. Un processus au cours
duquel des dizaines de milliers de coups de marteau
vont lentement donner la forme de la coupe.
Pour faire pleinement ressortir la qualité
exceptionnelle de l'argent fin, nous laissons percevoir
les traces de marteau; la surface est finalement
poncée avec douceur et très légèrement ornée de
perles de verre.
En guise d'ultime finition, le bord supérieur de l'objet
est très brièvement 'fondu' au moyen d'une technique
de soudage TIG pour former un bord brillant.

Follow 001

Die Namen unserer Objekte aus der *follow*-Serie stammen von der Arbeitsweise, den Bewegungen des Silbers, denen wir beim Schmieden folgen.

Jede Schale besteht anfangs aus einem rechteckigen, ovalen oder runden 1 mm dicken Silberblech aus 999 ‰ Feinsilber. Ein Verfahren, bei dem zehntausende Hammerschläge langsam die Schale formen.
Um die außergewöhnliche Qualität des Feinsilbers maximal zur Geltung zu bringen, lassen wir die Hammerspuren sicht- und tastbar; die Oberfläche wird lediglich vorsichtig geschliffen und leicht mit Glasperlen bearbeitet.
Der allerletzte Handgriff besteht darin, den Rand des Objekts anhand der TIG-Schweißtechnik kurz 'anzuschmelzen', um so einen glänzenden Rand zu schaffen.

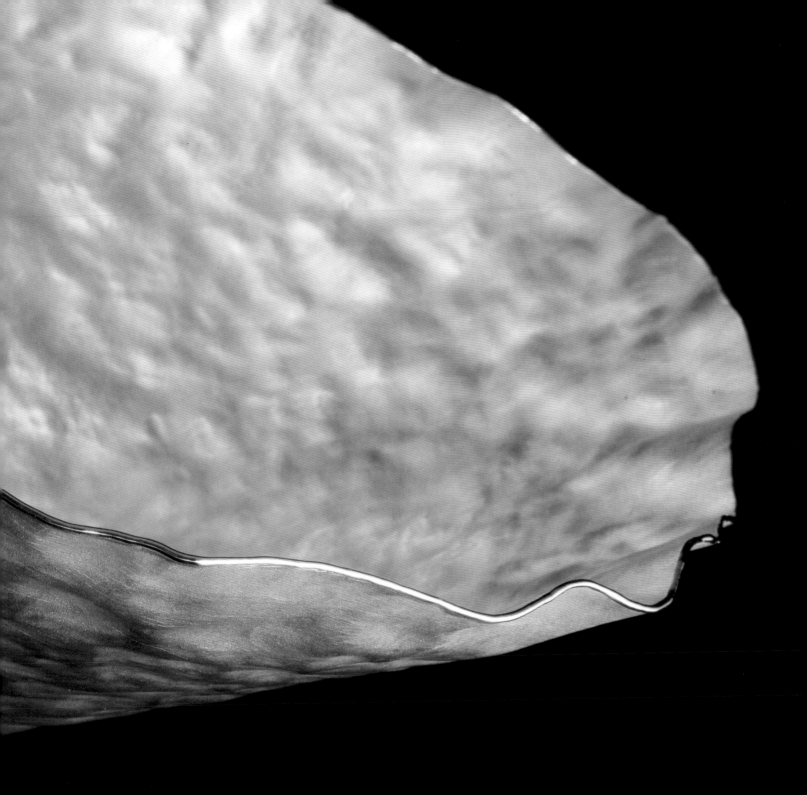

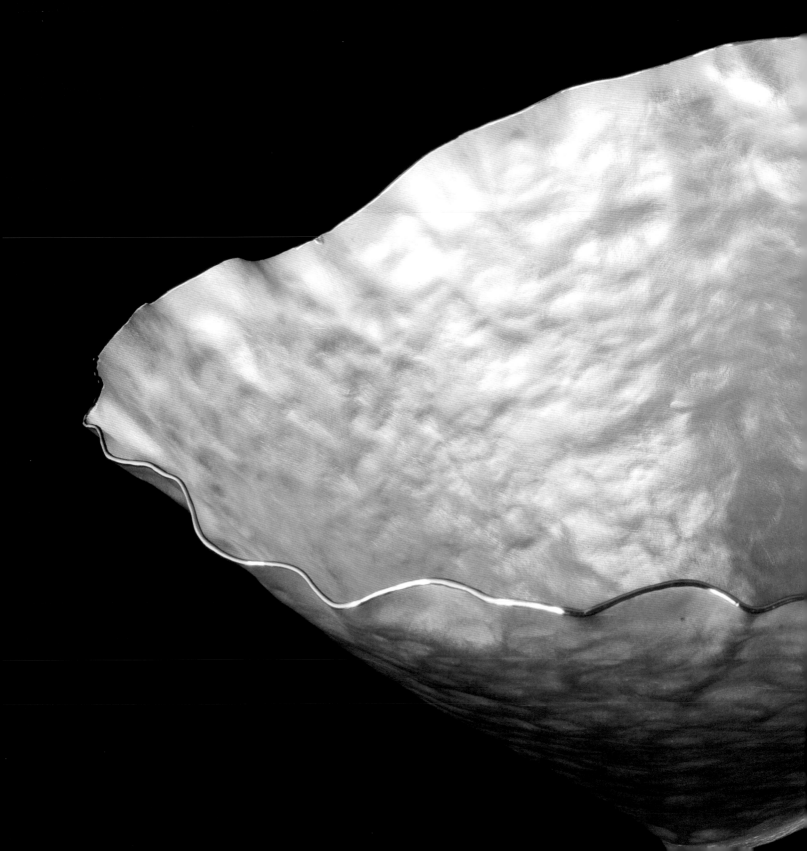

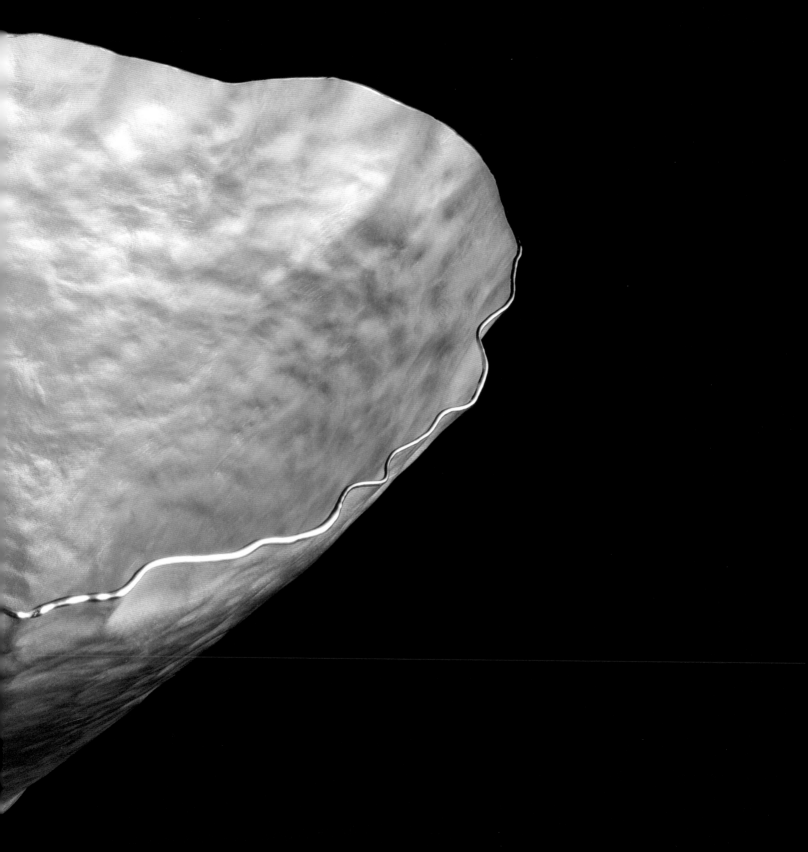

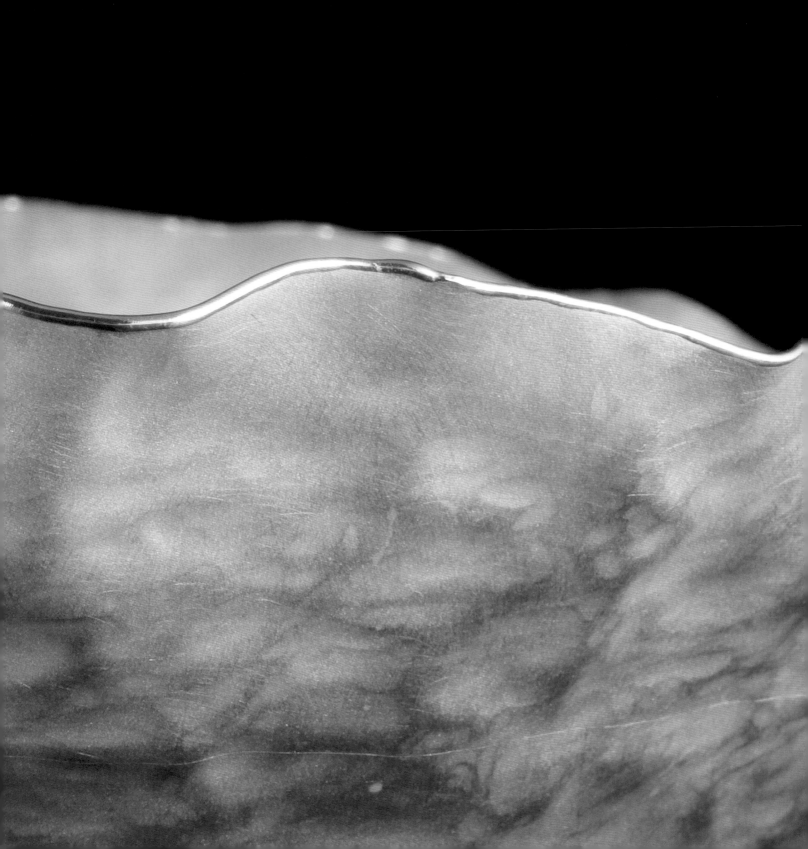

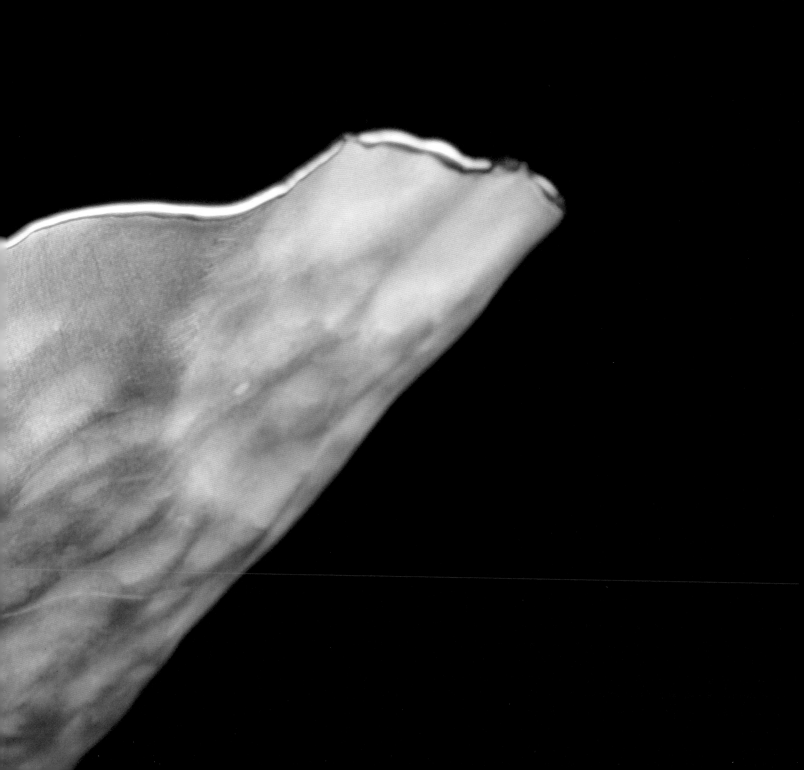

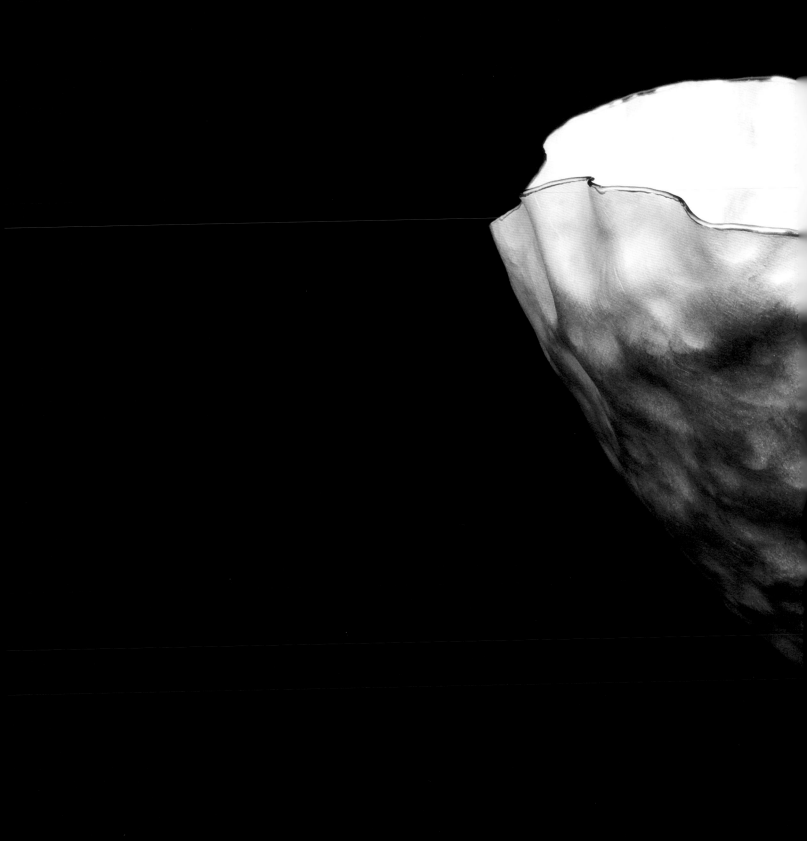

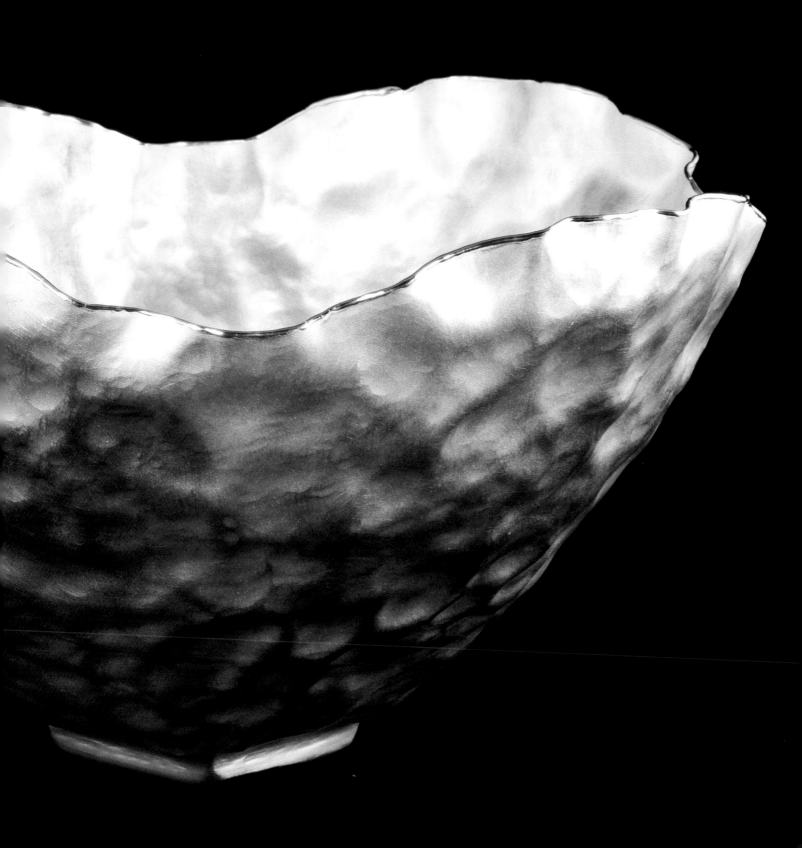

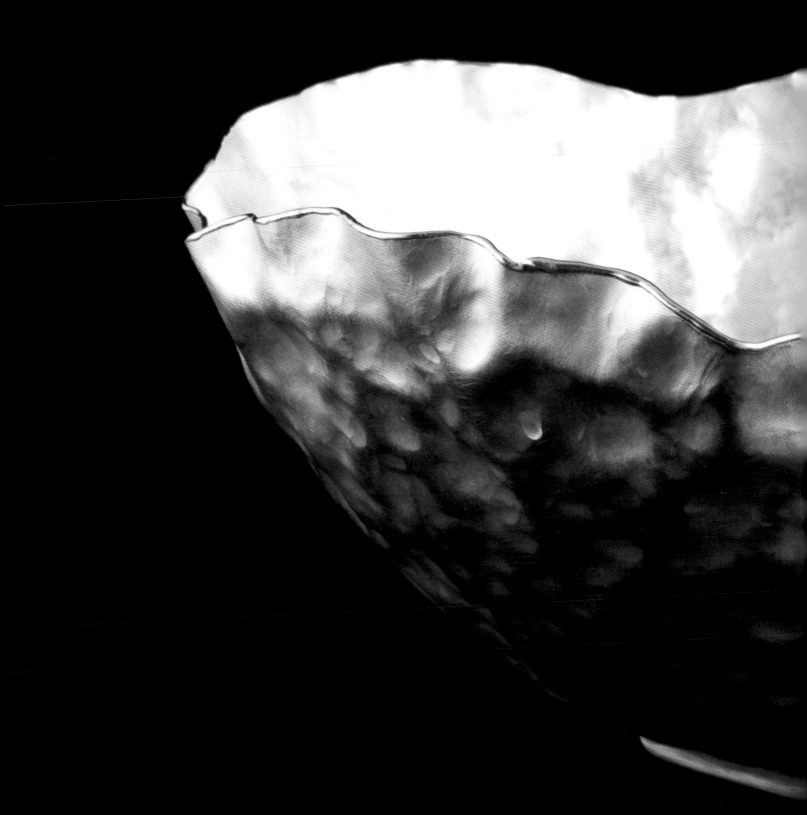

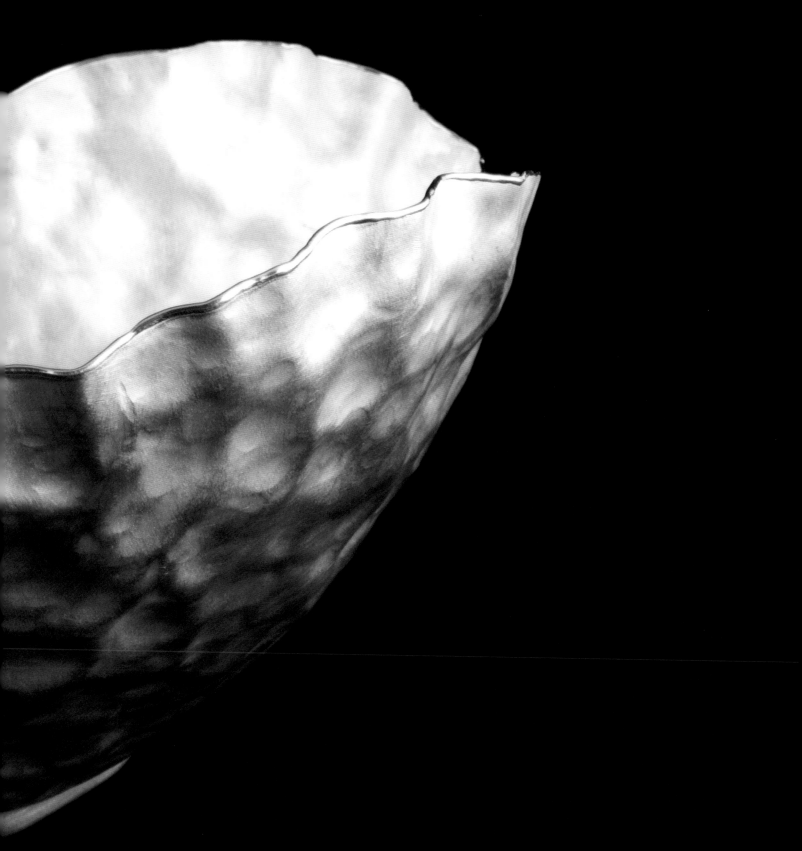

Milkandsugar

Within our coffee tradition, the use of a milk jug and sugar
pot has been well known for ages. Nowadays sometimes
we also need a little box for sweeteners, but the very
basic parts remain the milk jug and the sugar pot.
This concept was used as a starting point to return to the
most elementary way of drinking coffee.
This time, we started with giving shape to our
milkandsugar objects, using fine silver 999‰. Totally
handcrafted, starting from circular silver sheets. The
final hammering was done in a spiral way, showing every
hammer blow. The rim of the objects was treated with a
special welding technique melting on a little shining band.
For the base of the objects, we used oak, partly silver
plated.

Milkandsugar will be made in a limited edition of nine
pieces. Every set will resemble the other without being
identical – each one containing subtle differences.
A matching coffee pot is currently being developed, using
wood and felt as insulation.
For the coffee cups... we will connect silver and glass and
of course some oak.

Milkandsuger

In onze koffietraditie kennen we al 'eeuwen' het melk-
en suikerstelletje, soms uitgebreid met een doosje voor
de zoetjes, maar aan de basis blijven de melkkan en de
suikerpot.
Deze basis vormde voor ons het uitgangspunt om opnieuw
naar de meest elementaire vorm van het koffiedrinken
terug te keren.
Deze keer zijn we begonnen met *milkandsugar*, een set
vervaardigd uit fijn zilver 999‰, geheel met de hand
gedreven uit cirkelvormige plaatdelen en geciseleerd in
een spiraalvormig patroon. De bovenrand van beide delen
werd door middel van een lastechniek kort aangesmolten.
Voor de basis pasten we eikenhout toe, waarvan steeds
één zijde werd voorzien van bladzilver.

Milkandsugar zal in totaal negen maal gemaakt worden,
waarbij elke set op elkaar zal lijken zonder echter identiek
te zijn.
Een bijpassende koffiekan wordt momenteel ontwikkeld,
waarbij we een combinatie van hout en vilt gebruiken als
isolatie. En voor de koffiekopjes... zullen we zilver en glas
met elkaar verbinden en uiteraard bijpassend wat hout.

Milkandsugar

Dans notre tradition du café, nous connaissons déjà depuis des 'siècles' le duo indissociable que forment le sucrier et le pot à lait, parfois complété d'une petite boîte pour les sucrettes.

Nous avons utilisé cette base comme point de départ pour redécouvrir la forme la plus élémentaire du plaisir de boire une tasse de café.

Nous avons commencé cette fois-ci par *milkandsugar*, un ensemble réalisé en argent fin 999‰, tourné entièrement à la main à partir d'éléments circulaires et ciselés en une forme de spirale. Nous avons brièvement fondu le bord supérieur des deux parties au moyen d'une technique de soudage. Pour la base, nous avons employé du chêne, dont un seul côté a chaque fois été recouvert d'une feuille d'argent.

Milkandsugar sera réalisé neuf fois au total; tous les ensembles se ressembleront sans être identiques.

Nous sommes maintenant en train de concevoir une cafetière assortie, pour laquelle nous utilisons une combinaison de bois et de feutre en guise d'isolant. Quant aux tasses de café... nous allons associer l'argent et le verre en leur ajoutant évidemment aussi un peu de bois.

Milkandsugar

Unsere Kaffeetradition umfasst seit jeher dieses
unzertrennliche Milch und Zucker Duo, das manchmal
erweitert wird durch ein Döschen mit Süssstofftabletten.
Wir haben das Basis-Set als Ausgangspunkt gewählt,
um zur elementarsten Form des Kaffegenusses
zurückzukehren.
Angefangen haben wir diesmal mit *milkandsugar*, einem
Set aus 999‰ Feinsilber, komplett mit der Hand aus
kreisförmigen Elementen getrieben und ziseliert in
spiralförmigem Muster. Den oberen Rand beider Teile
haben wir kurz mit einer Schweißtechnik angeschmolzen.
Für die Basis haben wir Eiche verwendet, wobei wir immer
eine Seite mit Blattsilber versehen haben.

Wir werden neun Exemplare von *Milkandsugar* herstellen,
wobei jedes Set dem anderen ähneln wird, aber dennoch
nicht gleich sein wird.
Derzeit entwickeln wir die passende Kaffeekanne dazu,
mit einer Kombination aus Holz und Filz für die Isolation.
Und die Kaffeetassen... werden wir mit Silber und Glas
verbinden und passend dazu etwas Holz.

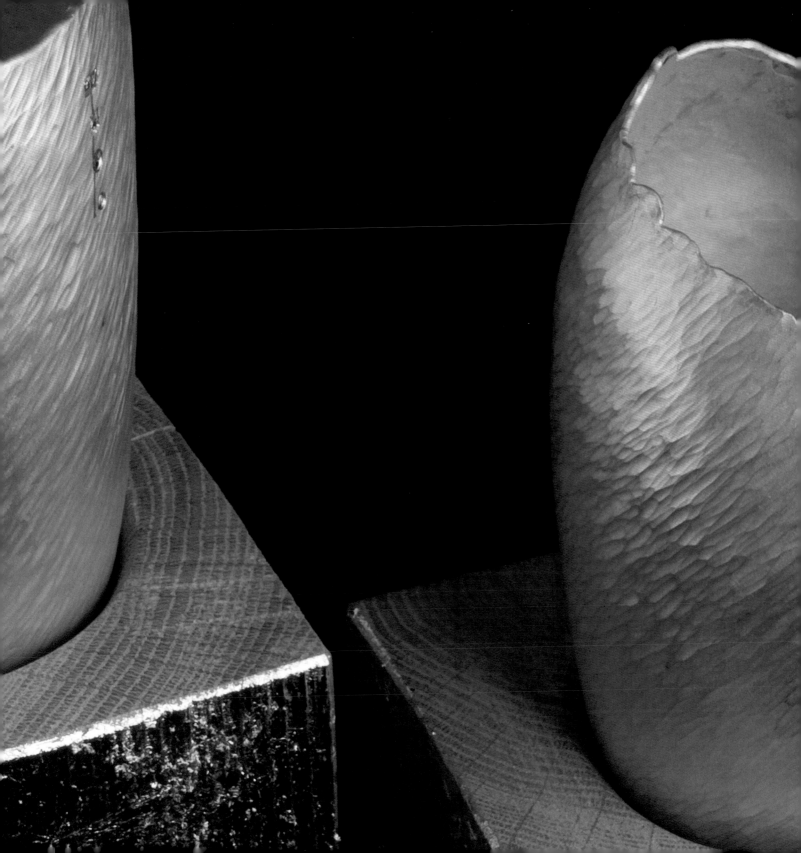

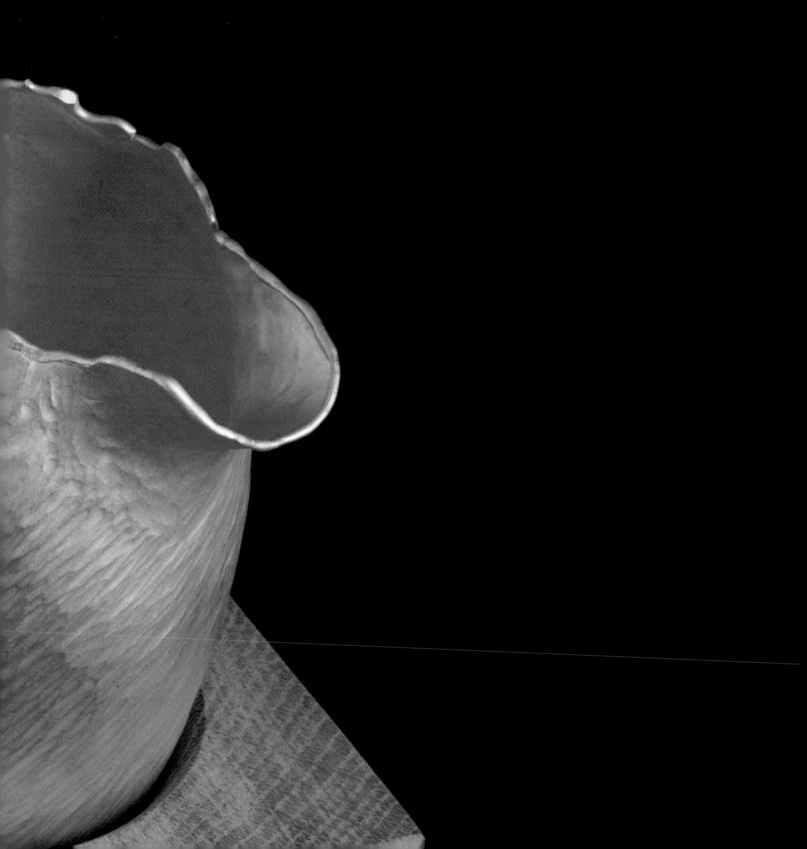

Bonbon très luxe

What happens if the value of something becomes grotesque. Is that the little dog with a collar full of diamonds? Or does it happen when we buy some incredibly nice chocolates that we do not dare to eat? This we asked ourselves when we decided to build a 'container' to store something delicious.

The front was made of fine silver 999‰ and refers to the *bidonvilles* (shanty town) as a warning. We have 'built' a window to look inside and see what is present... Sometimes the object is empty which causes you to stand face to face with yourself. The use of transparency challenges the user to fill it with colorful objects for safekeeping.

Bonbon très luxe is a luxury item that will not only show patina by its use; again and again it challenges us to use colored items, but it will also ask the user to face himself in the reflection of the interior.

Bonbon très luxe

Wat gebeurt er als de waardering voor iets groteske vormen aanneemt. Is dat het kleine hondje met een halsband vol briljant? Of wanneer we zo'n lekkere bonbons kopen dat we ze niet meer durven eten? We vroegen het ons af toen we besloten een 'blik' te bouwen waarin iets heel lekkers bewaard kan worden.

Het front werd gemaakt van fijn zilver 999 ‰ en verwijst als waarschuwing naar de *bidonvilles*. We hebben een venster 'aangelegd' om te zien wat in de vorm aanwezig is... Soms is die vorm leeg en kom je oog in oog te staan met jezelf. Door gebruik te maken van transparantie wordt de gebruiker uitgedaagd kleurrijke objecten in bewaring te geven.

Bonbon très luxe is een object dat door het gebruik niet alleen patina zal krijgen maar steeds opnieuw uitdaagt kleurimpulsen aan te brengen, maar het zal ook steeds vragen oog in oog met haar te staan.

Bonbon très luxe

Que se passe-t-il lorsque l'intérêt que nous portons à
quelque chose prend des formes grotesques? Est-ce ce
petit chien affublé d'un collier recouvert de brillants?
Ou lorsque nous achetons des pralines tellement raffinées
que nous n'osons plus les manger? Nous nous le sommes
demandé lorsque nous avons décidé de construire une
'boîte' où conserver quelque chose de vraiment délicieux.

La face avant a été réalisée en argent fin 999 ‰ et fait
référence aux 'bidonvilles' pour mettre en garde. Nous
avons aménagé une fenêtre pour voir ce qu'il y a dans
la forme... Parfois cette forme est vide et vous vous
retrouvez nez à nez avec vous-même.
En faisant usage de la transparence, l'utilisateur est invité
à y conserver des objets colorés.

Bonbon très luxe est un objet qui non seulement gagnera
en patine à l'usage mais ne cesse d'inviter à y apporter
des impulsions de couleur et à se retrouver face à face
avec lui.

Bonbon très luxe

Was geschieht, wenn der Wert, den wir einer Sache geben, plötzlich groteske Formen annimmt? Ist das der kleine Hund mit dem wertvollen Brillanten-Halsband? Oder wenn wir solch erlesene Pralinen kaufen, die zum Vernaschen viel zu kostbar sind? Wir haben uns diese Fragen gestellt, als wir beschlossen haben, eine 'Dose' zu entwerfen, in der etwas ganz Köstliches aufbewahrt werden kann.

Die Vorderseite ist aus 999 ‰ Feinsilber und verweist zur Warnung auf die *Bidonvilles*. Wir haben ein Fenster eingebaut, um Einblick in die Form zu erhalten... manchmal ist die Form leer und man steht sich selbst Auge in Auge gegenüber.
Durch die Verwendung von Transparenz wird der Benutzer aufgefordert, dort farbenfrohe Objekte aufzubewahren.

Bonbon très luxe ist ein Objekt, das nicht nur durch seine Benutzung Patina bekommen wird, sondern stets dazu einlädt, Farbimpulse zu setzen, aber auch stets danach verlangt Auge in Auge gegenüberzustehen.

The Romans wanted it

The Romans wanted it is an object with a joke. At one
point in its creation, we put this bowl on one of the
working tables and when we looked at it from a certain
position, it looked like a Roman helmet... With a smile we
thought that the Romans might have liked such a silver
helmet...

The creation of this object however was not based on a
joke. Composing this object with many different elements
is like working a puzzle. In a way, it resembles a bowl
that can be used for 'storage' purposes. At the same time
it feels as if things you would like to put in this bowl are
already placed on the outside.

Above all, this is an object without an obvious functional
use, but enjoying it can be very functional too.

The Romans wanted it

Een object met een grapje. Toen deze schaal in een bepaald stadium van gereedheid verkeerde, werd hij op een zeker moment op onze werkband neergelegd. Toen we er vanuit een bepaalde positie naar keken, leek hij op een Romeinse helm.... en we constateerden glimlachend dat de Romeinen dat wel gewild zouden hebben, een zilveren helm...

Het creëren van dit object berust echter niet op een grapje. Het uit steeds wisselende delen samenstellen van dit object lijkt een puzzel. Het heeft iets van een schaal, waarin je iets zou kunnen leggen, terwijl je ook het gevoel krijgt dat de dingen die je erin zou kunnen leggen aan de buitenzijde zijn geplaatst.

Maar bovenal is het een object zonder een gebruiksfunctie, hoewel genieten ook heel functioneel kan worden uitgelegd.

The Romans wanted it

Un objet né d'une plaisanterie. Alors que cette coupe
se trouvait à un des stades de fabrication, nous l'avons
déposée un instant sur notre plan de travail; en la
regardant sous un certain angle, nous avons constaté
qu'elle ressemblait à un casque romain, et ajouté en riant
que les Romains n'auraient pas manqué de l'apprécier, ce
casque en argent...

La création de cet objet est pourtant loin d'être une
plaisanterie! La composition de cet objet, avec ces
éléments sans cesse changeants, ressemble à un puzzle.
Il a quelque chose d'un plat, où l'on pourrait déposer
quelque chose, tout en donnant l'impression que les
choses que l'on pourrait y mettre ont été placées à
l'extérieur.

Mais c'est avant tout un objet sans véritable fonction,
si ce n'est de procurer du plaisir!

The Romans wanted it

Ein Objekt, aus Spaß entstanden. Als wir diese Schale
während eines bestimmten Arbeitsvorgangs auf die
Arbeitsfläche hinlegten und sie später von einem anderen
Winkel aus betrachteten, erinnerte sie uns an einen
Römerhelm... und wir stellten belustigt fest, dass die
Römer so einen Silberhelm sehr geschätzt hätten...

Die Schaffung dieses Objekts war aber kein Spaß. Das
Zusammensetzen des Objekts aus stets wechselnden
Teilen gleicht einem Puzzel. Es ähnelt einer Schale, in
die man etwas hineinlegen kann, obschon man auch
den Eindruck erhält, dass die Dinge, die man darin
aufbewahren könnte, an der Außenseite abgelegt wurden.

Aber in erster Linie ist es ein Objekt ohne bestimmte
Zweckbestimmung, obschon allein die Freude daran,
Zweck genug ist!

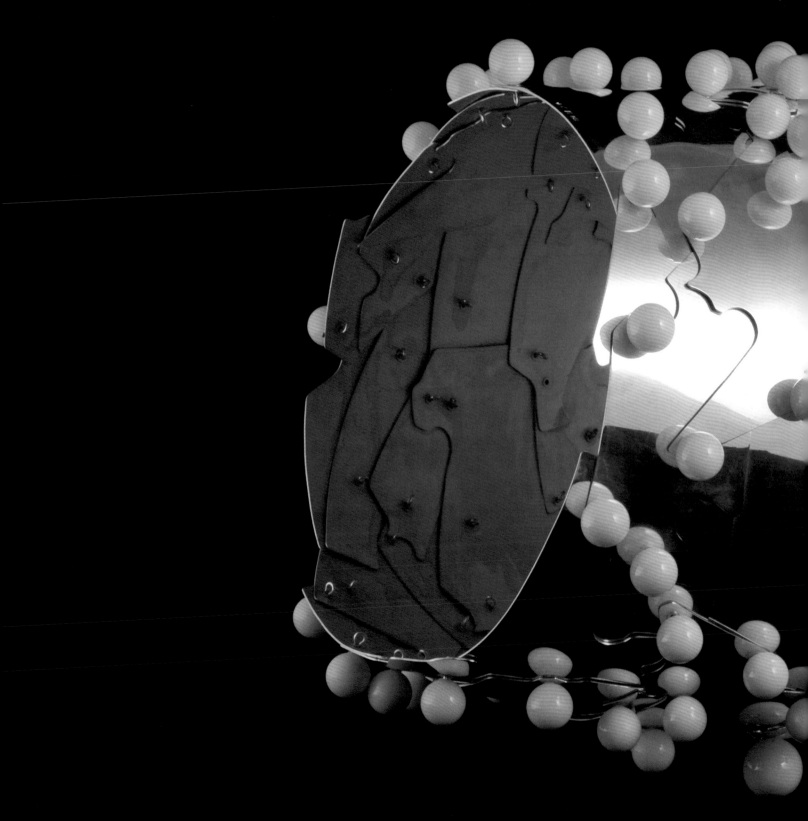

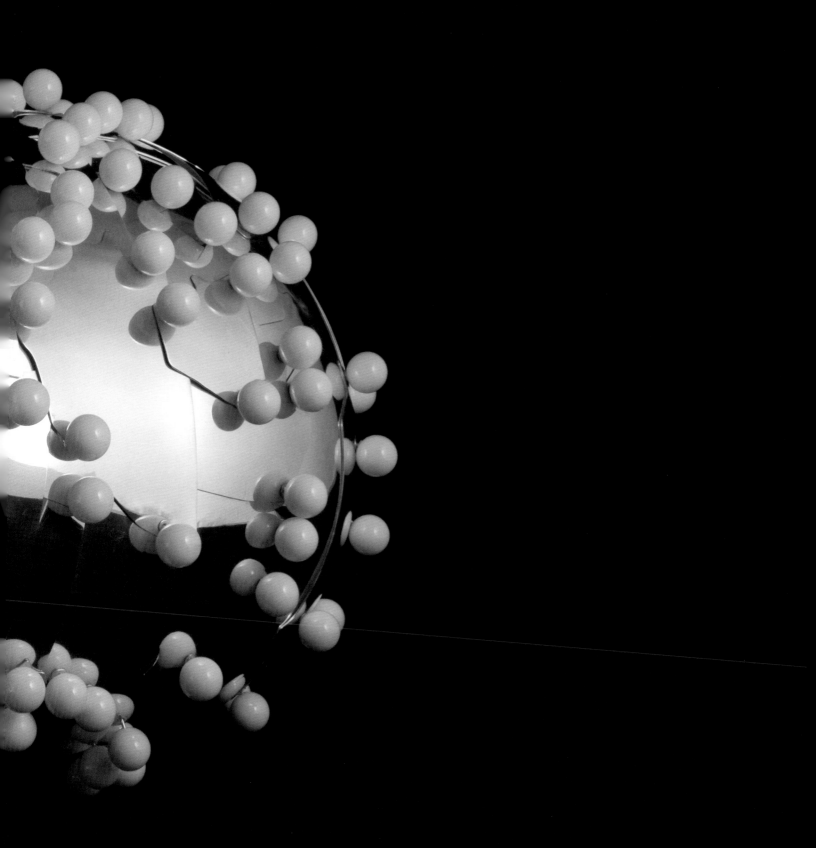

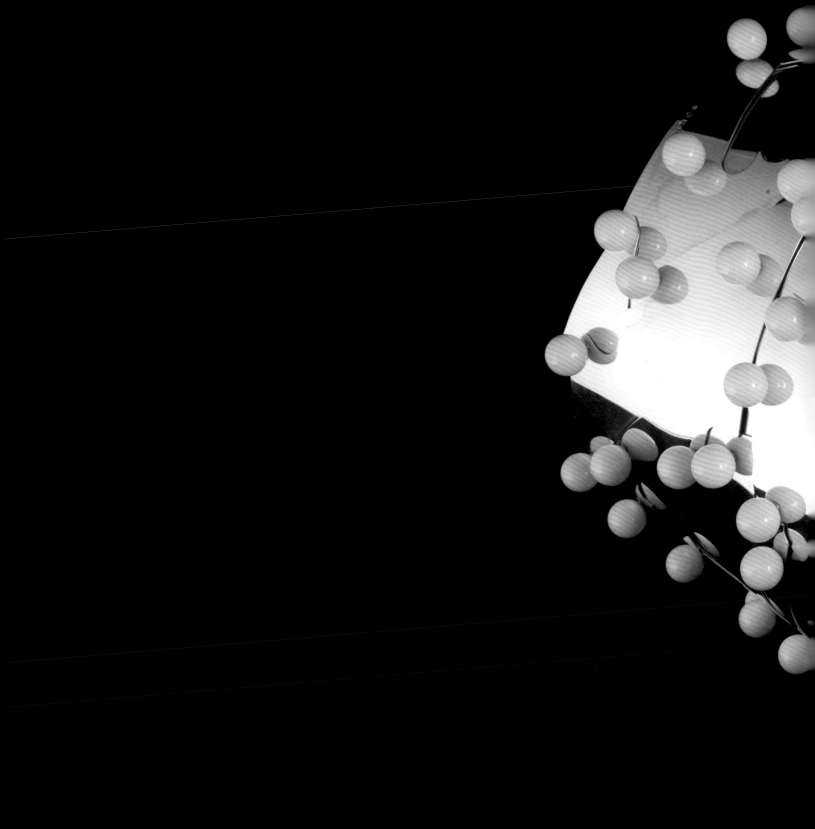

Two in One

It is part of our job as artists/designers to study which
forms and shapes have a big impact on us. Why do we
make the things we make. For some designs, our starting
point is the functional use of the object, but we also
create objects with the basic intention of caressing the
eye... Forms that please us.
In a world that is increasingly characterized and
determined by functionality, it is a relief to see and
experience objects that warm our souls and are a
pleasure to look at. Objects created with a deep passion!

When creating the object *Two in one* we not only wanted
to design an object that would please the eye, but we also
wanted the user to be able to influence the object.
With the possibility of changing the inner and outer form
in a variety of different positions and therewith changing
the balance of the object, new 'views' and perceptions are
created that please the user.
Of course there is also a possibility to use both objects
separately and independently.

Two in one

Een deel van ons werk als kunstenaars/designers is te
onderzoeken welke vormen ons raken. Waarom maken we
de dingen die we maken.
Voor sommige vormen nemen we de gebruiksfunctie als
uitgangspunt, maar er ontstaan ook vormen waarvan het
hoogst denkbare gebruikselement het strelen van het oog
is... Vormen die ons plezieren. In een wereld die steeds
meer gekenmerkt en bepaald wordt door functionaliteit, is
het een verademing om objecten te zien en te beleven die
ons plezier schenken.
Objecten gecreëerd met een passie!

Bij het ontstaan van *Two in one* wilden we een object
creëren dat naast ons plezier nog een extra element in
zich zou hebben en wel dat de toeschouwer/gebruiker de
vorm kan beïnvloeden. Door de binnen- en buitenvorm in
een steeds veranderende positie te plaatsen, verandert
ook de balans van het object en ontstaan er nieuwe
'gezichtspunten'. Uiteraard bestaat ook de mogelijkheid
om beide vormen apart en los van elkaar te gebruiken.

Two in one

Une partie de notre travail, à nous artistes/designers,
consiste à étudier les formes qui nous touchent. Pourquoi
réalisons-nous les choses que nous réalisons? Pour
certaines formes, nous prenons une fonction comme point
de départ, mais des formes voient aussi le jour dont la
seule fonction imaginable est la caresse de l'œil... Des
formes qui nous font plaisir.
Dans un monde de plus en plus conditionné par la
fonctionnalité, quel soulagement de voir et de vivre des
objets qui nous offrent du plaisir.
Des objets créés avec passion!

Pour *Two in one*, nous souhaitions créer un objet
qui, outre notre plaisir, porterait en lui un élément
supplémentaire, en permettant au spectateur/utilisateur
d'influencer notre forme. En plaçant la forme intérieure
et la forme extérieure dans une position sans cesse
changeante, l'équilibre de l'objet change lui aussi, faisant
du même coup naître de nouveaux 'points de vue'.
Les deux formes peuvent évidemment aussi s'utiliser
séparément l'une de l'autre.

Two in one

Ein Teil unserer Arbeit als Künstler/Designer besteht
darin, zu untersuchen, welche Formen uns berühren.
Warum erschaffen wir die Dinge, die wir erschaffen. Für
manche Formen haben wir eine Verwendungsfunktion als
Ausgangspunkt, aber andere Formen entstehen, deren
denkbare Verwendung lediglich die reine Augenweide ist...
Formen, die uns erfreuen. In einer Welt, die immer mehr
von Funktionalität geprägt ist, ist es eine Wohltat Objekte
zu sehen und zu erleben, die uns einfach Freude bereiten.
Objekte, geschaffen mit Leidenschaft!

Bei der Entstehung von *Two in one* wollten wir ein Objekt
schaffen, das abgesehen von unserer Freude, ein weiteres
Element innehaben sollte, das es dem Betrachter/
Benutzer ermöglichen sollte, unsere Form zu beeinflussen.
Indem wir die innere und äußere Form in einer stets
wechselnden Position angebracht haben, verändert sich
auch das Gleichgewicht des Objekts und es entstehen
neue 'Gesichtspunkte'. Natürlich können beide Formen
auch getrennt voneinander verwendet werden.

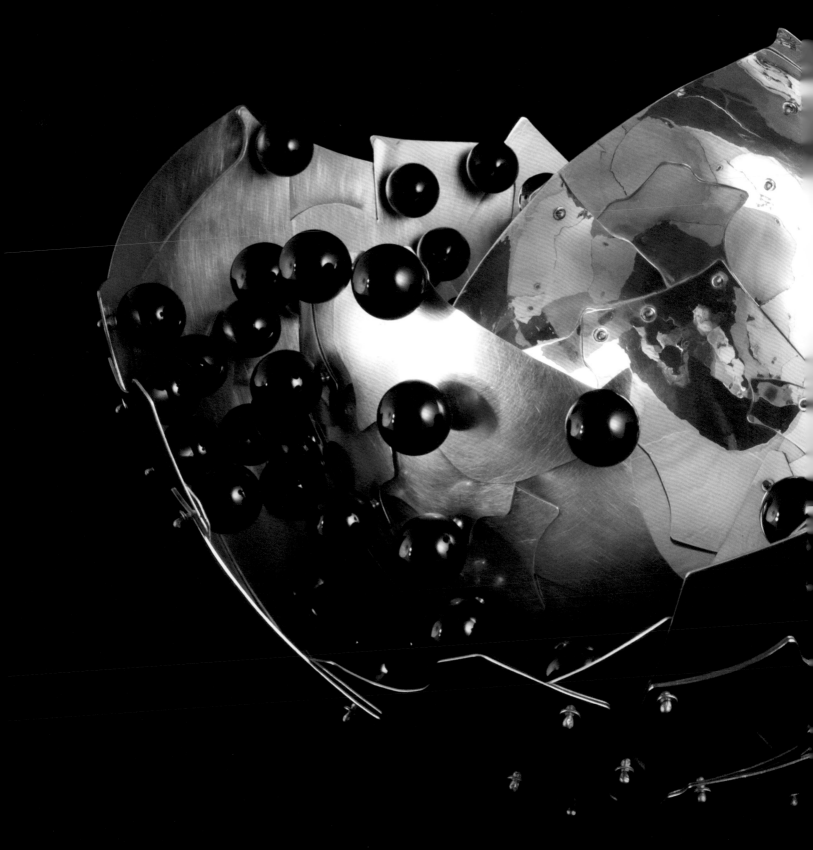

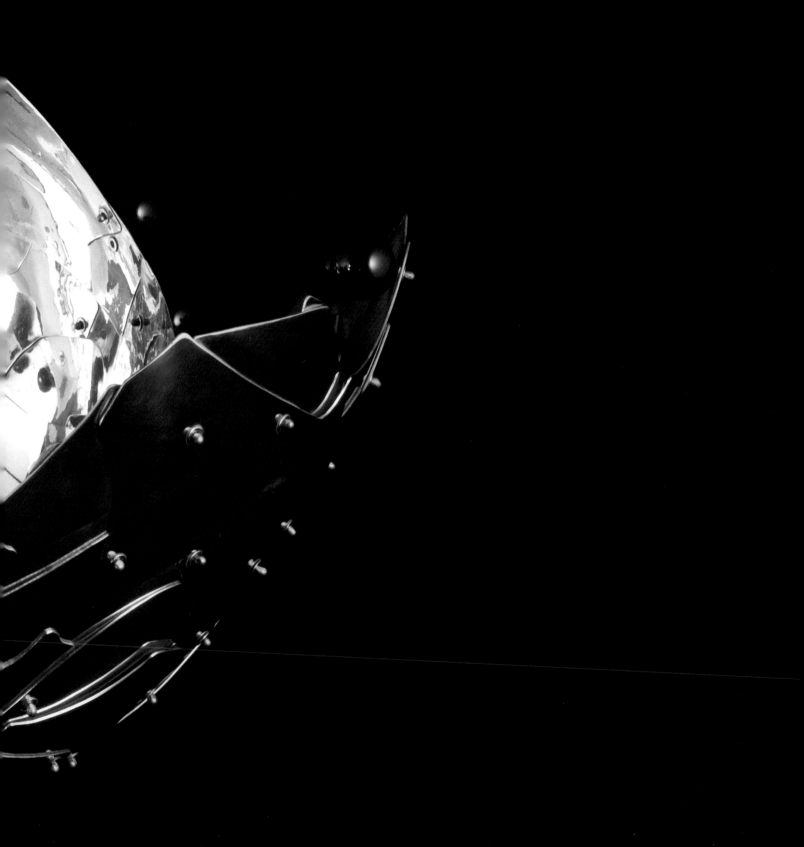

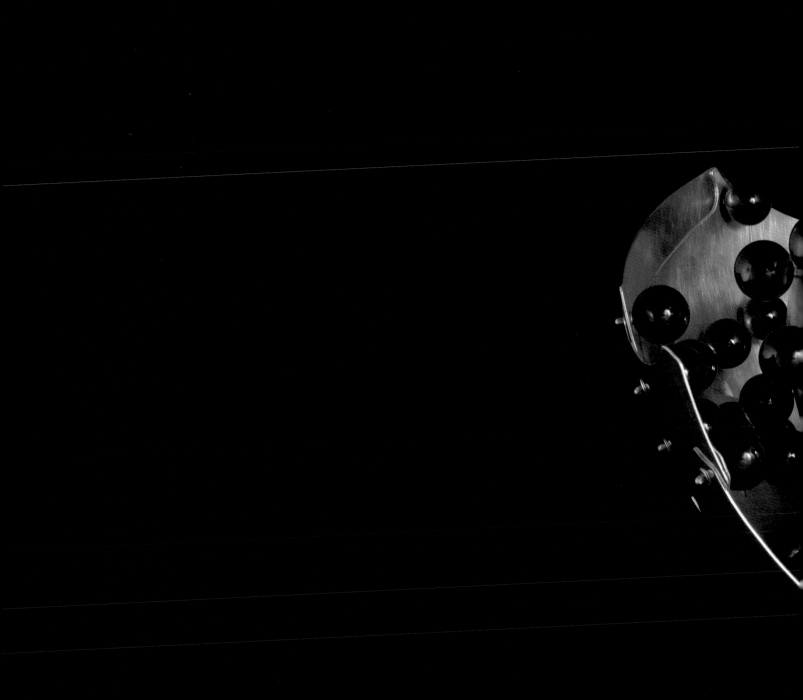

Bowl 0610

This design encorporates many a contrast. A large bowl,
made of fine silver 999‰, so big that it was impossible to
use the regular-sized silver sheets. We used the latest TIG
welding techniques to enlarge the original silver sheet to a
diameter of 60 cm. This sheet was hammered manually until
a diameter (in the ball shape) of more than 75 cm. Many
thousands of hammer beats were necessary to make the half
ball shape of the bowl.
Next, we had to face an even more challenging situation. We
needed to change the shape of some of our hammers and
with a few hundred very precise hammer blows we changed
the paper-thin silver half bowl's shape. This last hammering
part was a combination of changing the outside of the bowl
and at the same time make it strong again.
The bowl's skin is not polished, to show all the marks made
by the hammering process and to show the bowl in its most
pure form.
The only 'show element' will be found on the rim of the bowl.
Here we again used the TIG welding technique to melt a
shining rounded ring over the bowl.

Bowl 0610 challenges us to perhaps go even further.....

Bowl 0610

Een ontwerp dat menig contrast in zich verenigt. Een grote
schaal gemaakt in fijnzilver 999‰, en wel zo groot dat deze
niet uit de standaard afmetingen zilverplaat gemaakt kon
worden. Met behulp van Tig lastechnieken werden diverse
plaatdelen aaneen gelast, zodat er een plaat ontstond
met een diameter van 60 cm. Deze plaat werd handmatig
gedreven tot hij uiteindelijk een diameter van meer dan
75 cm (in de bolle vorm) had. Vele honderdduizenden
hamerslagen waren nodig om de halfbolle schaal te slaan.
Toen deze perfect was, stonden we voor een zo mogelijk
nog grotere uitdaging. We pasten een paar hamers aan
en met een honderdtal precies gerichte slagen werd het
intussen bijna papierdunne zilver gevormd tot een passionele
uitdrukking van een schaal, vervormd tot het uiterste en
tegelijkertijd weer sterk.
De huid van de schaal werd niet gepolijst om zodoende alle
sporen van de bewerkingen te kunnen laten zien en het zilver
in zijn oorspronkelijke schoonheid naar voor te brengen.
De enige 'wulpsheid' die we ons toestonden, was de rand
van de schaal, waar we opnieuw gebruik maakten van de Tig
lastechniek die het mogelijk maakte om een fijne smeltrand
aan te brengen.
Een schaal die ons op haar beurt weer uitdaagt om nog
verder te gaan...

Bowl 0610

Un objet qui réunit en soi maint contraste. Un grand plat en
argent fin 999‰, et même tellement grand qu'il ne peut
être réalisé à partir d'une feuille d'argent de dimension
standard. A l'aide de techniques de soudage TIG, nous avons
assemblé diverses plaques de manière à obtenir une plaque
d'un diamètre de 60 cm. Cette plaque a ensuite été bosselée
à la main jusqu'à ce qu'elle atteigne finalement un diamètre
de plus de 75 cm. Plusieurs centaines de coups de marteau
ont été nécessaires pour réaliser le plat semi-rond. Lorsque
celui-ci nous a paru parfait, nous avons été confrontés à un
défi plus grand encore. Nous avons adapté l'un ou l'autre
marteau et avons à nouveau donné quelques centaines de
coups ciblés avec précision pour former une couche d'argent
aussi fine que du papier, l'expression passionnelle d'un plat,
déformé à l'extrême et en même temps à nouveau solide.
La 'peau' du plat n'a pas été polie, de manière à faire
ressortir toutes les traces des traitements subis et mettre en
exergue sa beauté originelle.
Nous nous sommes autorisé une seule 'entorse' sur le bord
du plat, pour laquelle nous avons une nouvelle fois recouru
à la technique de soudage Tig pour lui ajouter un fin bord
fondu.
Un plat qui nous invite à son tour à aller encore plus loin...

Bowl 0610

Ein Projekt, das so manchen Kontrast vereint. Eine große Schale aus 999‰ Feinsilber, und sogar so groß, dass sie nicht aus einem Standardsilberblech hergestellt werden kann. Wir haben per Tig-Schweißtechnik diverse Teile aneinandergeschweißt und so eine Platte mit einem Durchmesser von 60 cm erhalten. Diese Platte wurde anschließend per Hand getrieben bis sie schlussendlich einen Durchmesser von über 75 cm (in der runden Form) aufwies. Hunderttausende Hammerschläge waren notwendig, um diese halbrunde Schale zu erschaffen. Als diese perfekt war, kam eine – falls überhaupt möglich – noch größere Herausforderung auf uns zu. Wir haben einige Hämmer angepasst und mit ein paar Hundert gezielten Schlägen wurde das inzwischen fast papierdünne Silber zu einem leidenschaftlichen Ausdruck einer Schale geformt, bis ins Extreme deformiert und zugleich wieder solide. Die 'Haut' der Schale wurde nicht poliert, um so alle Spuren der Bearbeitung erkennen zu lassen und das Silber in seiner ursprünglichen Schönheit hervorzubringen. Die einzige 'Verspieltheit', die wir uns zugestanden haben, ist der Rand der Schale, bei dem wir erneut die Tig-Schweißtechnik angewandt haben, um einen feinen Schmelzrand zu erzeugen. Eine Schale, die uns wiederum herausfordert, weiterzugehen...

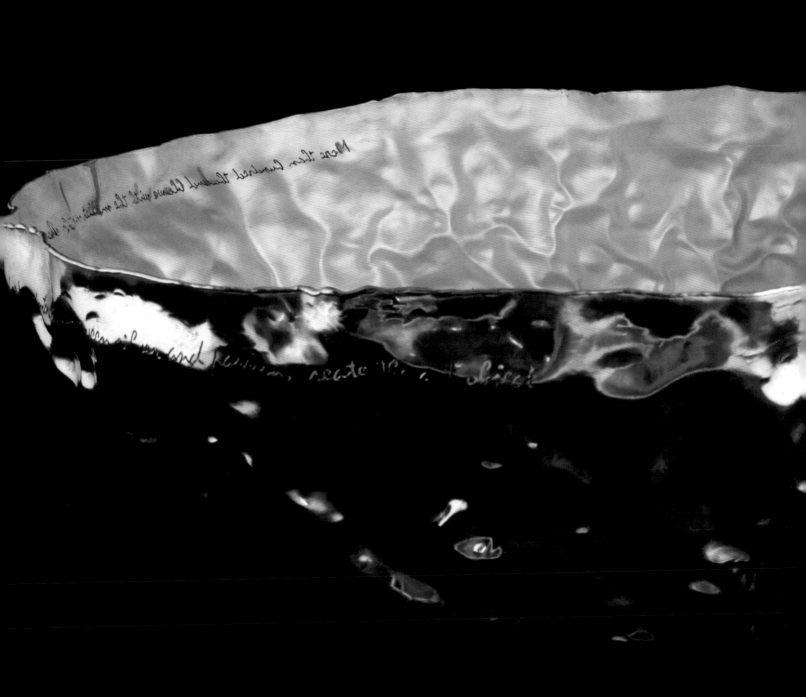

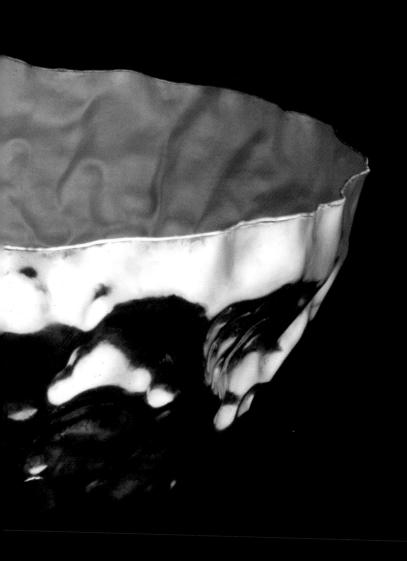

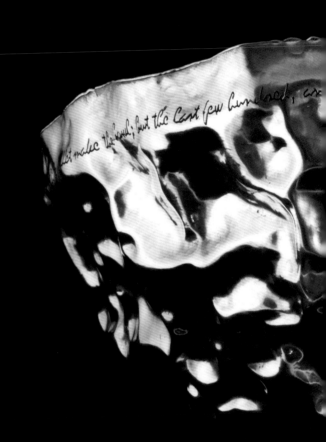

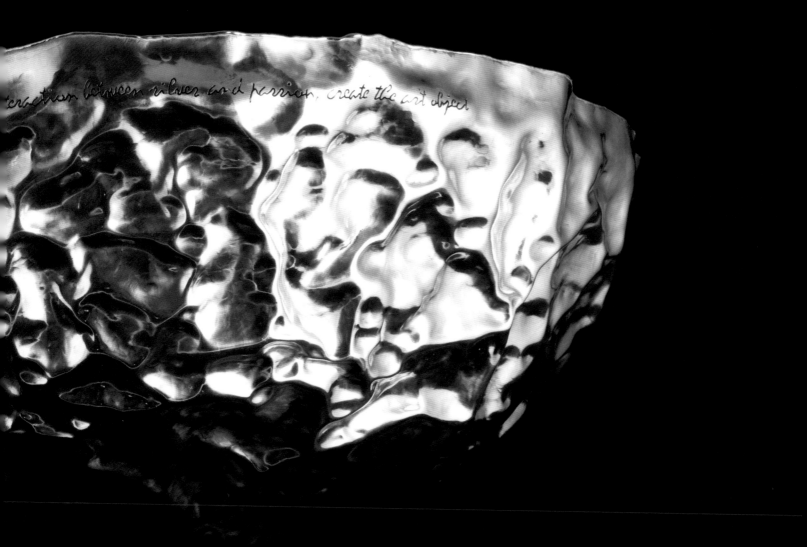
...eraction between silver and passion, create the art object

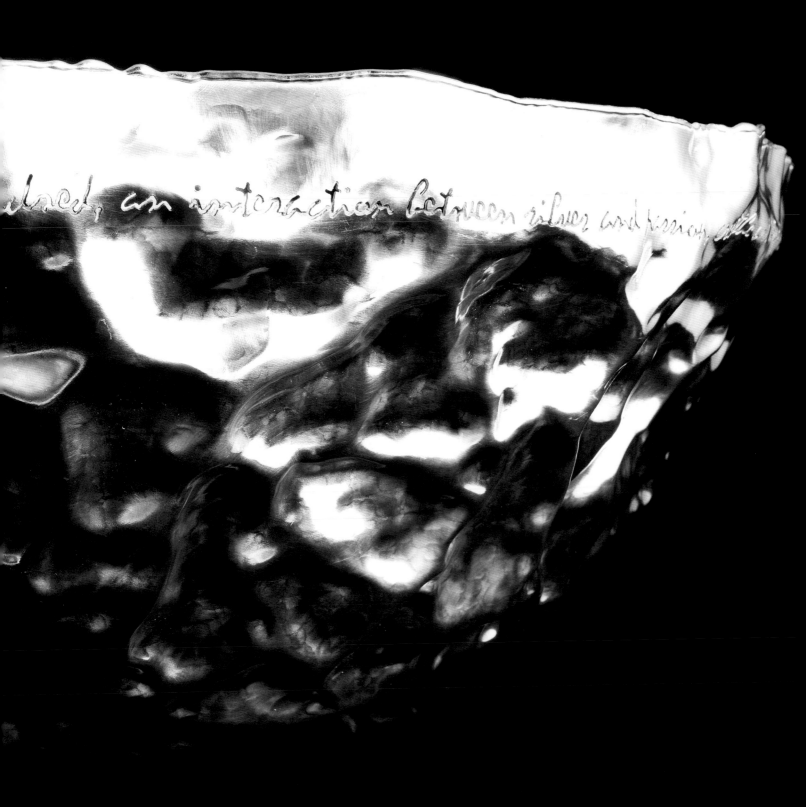

Lavabowl
silver 925‰, aramith balls
45 x 45 x 25 cm

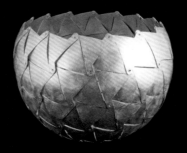

Don't forget my shadow
silver 925‰
50 x 50 x 25 cm

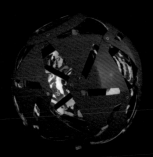

Mandarin Ball
silver 925‰, red coating
Ø 23 cm

Mandarin Ball
silver 925‰, yellow coating
Ø 17 cm

Explosive
silver 925‰
12 x 12 x 10 cm

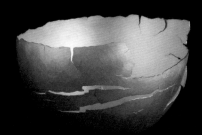

Freule espresso
silver 925‰, red pmma
20 x 10 cm

Roll your tea
silver 925‰, snakewood
20 x 20 x 25 cm

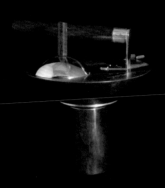

Red hot liquid comes your way
silver 925‰, red pmma
22 x 22 x 25 cm

Teatowers
silver 925‰, transparent pmma
various dimensions

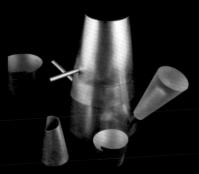

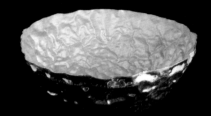

Bowl 0610
silver 999‰
73 x 273 x 25 cm

Follow the material
silver 999 ‰
22 x 22 x 20 cm

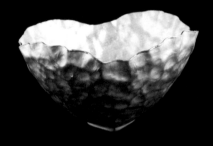

Found in the forest
silver 999 ‰
15 x 15 x 20 cm

Milkandsugar
silver 999‰, oak
8 x 8 x 22 cm
8 x 8 x 19 cm

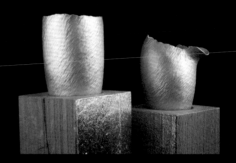

Bonbon très luxe
silver 925‰ and 999‰,
transparant pmma
12 x 12 x 20 cm

Sometimes wine comes...
silver 925‰, fuchsia coating
various dimensions

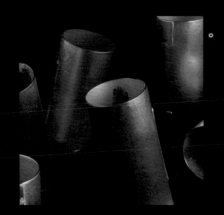

Don't touch my Mikado
silver 925‰, orange coating
40 x 35 x 50 cm

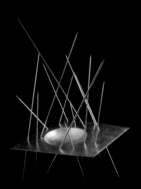

Two in one
silver 925‰, black aramith balls
40 x 40 x 30 cm

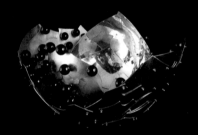

Layered bowl
silver 925‰
20 x 20 x 15 cm

Nestbowl
silver 925‰, black patina
60 x 60 x 25 cm

Open bowl
silver 925‰, ebony
33 x 20 x 15 cm

Poêm bowl
silver 925‰
various dimensions

Museum voor één bloem
silver 925‰, gold 585‰, lava balls
35 x 35 x 65 cm

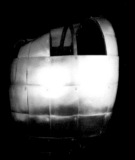

The Romans wanted it
silver 925‰, aramithe balls
45 x 45 x 30 cm

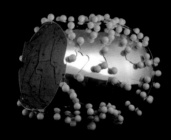

This book was realized with the kind help of:
Dit boek werd mogelijk gemaakt met de vriendelijke hulp van:
Cet ouvrage a été réalisé avec l'aimable soutien de:
Dieses Buch wurde realisiert mit der freundlichen Unterstützung von:

Fonds voor Sociale Instellinger

Thalen & Thalen
contemporary silver art objects

homepage
www.belgiansilverworks.com
www.issuu.com/thalen.thalen

contact
mail: thalen.thalen@base.be
mail: thalen.thalen@gmail.com